아이의 공부력
엄마가 만든다

두 아이를 명문대에 보낸 엄마가 들려주는
학생부종합전형으로 의대 가기

아이의 공부력
엄마가 만든다

1판 1쇄 발행 2016년 8월 4일
1판 2쇄 발행 2019년 11월 11일

지은이 정태희
펴낸곳 생각지도 **펴낸이** 김은영 **디자인** 박선향
종이 다올페이퍼 **인쇄 · 제본** 보광문화사
출판등록 2015년 5월 27일 제2015-000165호
주소 서울시 강남구 도산대로50길 54, 703호 **대표전화** 02-547-7425 **팩스** 0505-333-7425
블로그 blog.naver.com/thmap **이메일** thmap@naver.com

이 도서의 국립중앙도서관 출판시도서목록(CIP)은 e-CIP홈페이지(http://www.nl.go.kr/ecip)와
국가자료공동목록시스템(http://www.nl.go.kr/kolisnet)에서 이용하실 수 있습니다.(CIP제어번호: 2016016595)

ISBN 979-11-955665-6-3 03370

• 책값은 뒤표지에 있습니다. 잘못된 책은 구입하신 곳에서 교환해 드립니다.
• 책으로 펴내고 싶은 아이디어나 원고가 있으시면 언제든 메일(thmap@naver.com)로 보내주세요.
  생각지도는 여러분의 소중한 경험과 지식을 기다리고 있습니다.

두 아이를 명문대에 보낸 엄마가 들려주는
학생부종합전형으로 의대 가기

아이의 공부력 엄마가 만든다

정태희 지음

생각지도

박건택 프란치스코에게
이 책을 바칩니다.

이 책을 먼저 읽은 엄마들의 추천글

• 이 책을 먼저 접한 사전 리뷰어는 네이버 대표 카페 '초등맘(cafe.naver.com/mom79)'을 통해 진행되었습니다. 참여해주신 분들과 초등맘 카페 매니저님께 감사 인사를 전합니다.

서빈이가 초등학교에 들어가면서 퇴사를 각오하고 육아휴직을 냈다. 아이와 좀 더 가치 있는 시간을 보내기로 마음먹었기 때문이다. 하지만 아이를 잘 키워보고 싶은 마음만 있을 뿐 방법도 잘 몰랐고, 직장생활만 했던 나는 큰 방향성을 찾지 못했다. 결국 흔들리지 않는 엄마의 주관이 필요한데 그러려면 선배맘의 조언이 절실했다.

때마침 읽게 된 이 책은 평범한 주부가 쓴 아이들의 성장기라 했지만, 내겐 큰 가르침을 주는 등불이 되었다. "어느 한 분야에 매진하다 보면 다른 분야의 잠재력도 같이 성장한다"라는 대목에서 한 대 얻어맞은 듯 깊이 공감했고, 당장 아이의 수영반을 알아봐야겠다고 생각했다. "인간을 믿기보다 시스템을 믿어야 한다"라는 대목에서는 너무 옳은 말이라 많이 찔리기도 했다. 아이가 최고의 성과를 낼 수 있도록 아이를 믿고, 좋은 영양분을 주기 위해 치열하고 열정적으로 살아온 저자의 노력에 존경의 박수를 보내면서 나 또한 더 많이 노력해야겠다고 다짐하고 또 결심했다.
_최서빈 맘 송현정 (경기도 수원시)

소신대로 자신을 독려하고, 원하는 것을 긍정적으로 얻는 사람에게는 힘이 넘친다. 이 책을 읽으며 엄마와 두 아이 모두 그런 힘을 가지고 있음을 느꼈다. '제시해주는 엄마'와 '원하는 것을 선택하는 아이들' 사이에서의 긍정적인 교류가 쌓여 모두가 좋은 결과가 나오지 않았을까. 길고 긴 공부의 시간, 그리고 엄마로서 아이의 인생을 어떻게 끌어줄지 가닥을 잡은 느낌이다. 이제 초등학교에 입학한 우리 서연이도 그렇게 자라 부모의 미니어처가 아닌 자기 삶의 주인공으로 살아나갔으면 한다.
_박서연 맘 이종현 (서울시 도봉구)

책을 읽는 내내 저자의 생각이 어쩜 이리도 나와 비슷할까 하는 생각이 들었다. (내가 가장 못하는 부분이지만) '공부는 정리정돈에서부터 시작된다'는 것부터 공부에 왕도가 있을지라도 그것이 '꾸준함'을 이기지 못한다는 말까지, 평소 내가 공감하며 강조해왔던 이야기들이라 더 많이 가슴에 와 닿았다. 또한 사소한 약속이라도 반드시 지키고, 해낼 수 있는 목표를 제시한 다음 실천을 철저하게 점검한다는 말에서는 무척이나 공감하면서 한편으로는 반성도 많이 했다. 수능 세대가 아닌 학력고사 세대인

나로서는 입학사정관제, 학생부종합전형 등에 대해 잘 모르고 있었는데, 이 책을 통해 앞으로 어떤 준비를 해야 하는지에 대한 로드맵도 어느 정도 그릴 수 있었다.
_박지윤 맘 조원정 (강원도 양구군)

———

나 역시 아이들이 오케스트라의 일원이 되게 하는 것이 결혼 전부터의 계획이었다. 그 결과 큰아이는 악장, 둘째는 전교부회장, 셋째는 반 회장을 하는 등 학원을 다니지 않았지만 아이들이 잘 따라와 주었다. 아이들에게 각자 3,000권의 책을 읽게 하는 게 내 목표다. 아이들을 영재반에 넣고 싶었는데, 힘들까 봐 포기했던 게 너무 아쉽다. 내 신념이 확고하다면 더 밀어붙였어야 했는데 하는 생각도 든다. 무엇보다 어릴 때 예체능으로 공부의 기본기를 다져주라는 저자의 말에 적극 공감했다.
_강초영, 강초현, 강초원 맘 김은진 (부산시)

———

먼저 한 명 보내기도 어려운 의대를 두 자녀 모두 보냈다니 너무 부러웠다. 책을 읽어보니 무엇보다 성실한 아이들이라 가능했다는 생각이 들었고, 그 점이 매우 인상적이었다. 거기엔 무엇보다 엄마의 헌신적인 노력과 간절함이 있었기 때문인 듯하다. 우리 딸 세진이도 치과의사가 되고 싶어 하는데, 주변에 관련 종사자가 없어서 엄마로서 어떻게 아이의 꿈을 위해 도와줄 수 있을지 너무 막막했다. 그런데 자기조절능력, 좋은 머리만큼 따뜻한 심장, 고등학생 때 가장 많이 읽어야 할 책은 교과서, 학생부는 진정성 등 목차부터 첫인상이 좋았고 여러모로 도움이 되었다. 자기주도적이고 성실한 두 아이의 엄청난 노력에 엄마의 애씀까지 더해진 이야기라 너무너무 귀감이 되는 감동적인 책이었다.
_박세진 맘 이지윤 (서울시 강서구)

———

고등학교, 중학교 진학을 앞둔 두 아이의 부모로서 내 아이가 어떤 방향으로 공부하고 준비해야 하는지 고민스러웠다. 이 책은 그런 내 궁금증에 대해 많은 부분을 해소해주었다. 어떻게 도움을 줘야 하는지 알려주는 멘토 같은 책이었다.
_박세현, 박지일 맘 김귀숙 (대전시 서구)

———

부드러운 카리스마, 책을 다 읽고 난 가장 첫 느낌은 그거였다. 저자가 여느 학부모들보다 많은 양의 교육서를 읽었다는 내용을 보면서 역시 세상에 공짜가 없다는 걸 깨달았다. 엄마로서 미래지향적이고 거시적인 안목을 키우고 싶었는데, 결론은 '공부하는 엄마의 힘'이라는 생각이 들었다.
_하유진, 하윤건 맘 임지선 (부산시 남구)

아이를 키우는 엄마라면 누구나 두 아이를 모두 의대에 보낸 이야기에 눈길이 갈 수밖에 없을 것이다. 특히 우리 영채는 수의사가 되고 싶어 해서 아이에게 도움이 될 것 같아 사전 리뷰어를 신청해 읽어보았다. 평범한 주부라고 하셨는데, 교육서를 많이 읽어서 그런지 엄마라기보다 전문가의 글을 읽는 느낌이었다. 무엇보다 아직은 초등맘이라 천천히 준비해도 될 거라 생각하고 있던 내게 아이의 미래를 위해 지금부터 다양한 경험을 하면서 천천히 준비시켜 줘야겠다는 경각심을 일깨워 주는 책이었다. 특히 학생부종합전형의 준비 부분은 많은 도움이 되었다.

_송영채 맘 김민경 (경기도 군포시)

초등학교 2학년이 된 아이의 공부 습관을 만들어주는 게 요즘 내 목표다. 적절한 시기에 이 책을 읽게 되어 너무 반가웠다. 초등 저학년 때까지는 무작정 달리기보다 학습의 기초를 마련해줘야겠다고 생각하고 있었는데, 책을 읽으면서 내 생각을 더 확신할 수 있게 되었다. 그리고 저자의 학습 매니저 역할에서 엄마로서 나의 방향성도 설정할 수 있었다.

_김태현 맘 김남효 (서울시 강남구)

영재학급, 영재교육원, 특목고 등에 관심이 많아 읽고 싶었다. 가장 쉬우면서도 가장 힘든 일, 아이를 믿어주는 것부터 노력하는 엄마가 되어야겠다.

_재영 맘 박현주 (경기도 용인시)

아이를 최고로 키우려면 엄마가 최고의 매니저가 되어야 한다는 생각이 들었다. 아이들을 위해 매 순간 끊임없이 공부하고 노력하는 저자를 보면서 충격도 받았고, 나 자신을 반성하는 계기도 되었다. 공부 잘하는 아이, 공부력을 키워줄 줄 아는 엄마의 전략을 세세하게 엿볼 수 있어서 좋았다. 앞으로는 나 역시 규성이와 에스더에게 더 많은 관심을 갖고 아이가 방향을 설정하는 데 보조자로서 도움을 주고, 수월하게 공부하고 행복하게 인생을 살아갈 수 있도록 도와주는 엄마가 되어야겠다.

_규성, 에스더 맘 이선희 (서울시 관악구)

선배맘의 시행착오와 생각을 들어보고 나에게 필요한 것을 찾아 적용해보는 게 자녀교육서라 생각한다. 그 점에서 초등 2학년 딸인 예린이의 공부 습관에 대해 고민하고 있던 차에 저학년 아이를 둔 엄마들이 무엇을 해야 할지 구체적으로 나와 있어 활용하기에 좋았다. 간단하게 생각한 일기 쓰기도 쉽게 보지 말아야겠다는 생각이 든다.

_서예린 맘 최혜정 (서울시 서초구)

엄마의 지혜가 돋보이는 책이었다. 아이의 성향과 감정은 물론 학습 흐름까지 곁에서 정확히 꿰고 있는 모습이 인상적이었다. 늘 아이의 요구를 존중하며, 엄마의 꿈이 아닌 아이의 꿈을 이룰 수 있도록 지지해주는 조력자로서 엄마의 힘을 느낄 수 있었다.
_소여, 소안 맘 권웅경 (경기도 양주시)

—

아이의 장래희망이 의사라 읽고 싶었던 책이다. 또한 학생부종합전형에 대해 알고 싶었는데 궁금증을 풀 수 있었다. 무엇보다 배짱이 부족한 내게 배짱을 만들어주고, 엄마의 덕목도 챙겨주는 것 같아 유익했다.
_용욱 맘 김미경 (부산시 진구)

—

바뀌는 교과 정책이 혼란스러운 요즘이다. 두 아이의 성장 과정과 공부 방향을 보면서 아이들의 성향에 맞는 입시를 선택하는 것이 최선임을 배웠다.
_강승현 (서울시 구로구)

—

'아이의 공부력은 엄마 하기 나름'이란 생각을 하는데, 이미 성과를 낸 엄마의 이야기라 노하우를 듣고 싶었다. 현재 초등 3학년인 우리 루나는 예체능을 너무 설렁설렁 했다는 게 후회가 되었다. 책을 읽으면서 엄마라는 존재가 아이에게 얼마나 큰 영향력을 줄 수 있는지 다시 한 번 깨달을 수 있었다.
_루나 맘 유주현 (서울시 관악구)

—

나는 공부보다는 인성을 더 중요하게 생각하는 엄마다. '유대인'이나 '하브루타' 관련 책들을 많이 보는데, 두 아이의 성과는 '좋은 머리'만큼 '따뜻한 심장'도 갖추었기에 가능했으리라 짐작된다.
_임재원, 임재훈 맘 김소연 (세종시 한솔동)

—

먼저 최상위권의 '넘사벽' 남매를 키워낸 저자에게 놀라움과 존경심마저 전하고 싶다. 책을 읽다 보니 공부에 타고난 재능을 가진 아이들이란 생각마저 들어서 상대적 위축감을 느낀 것도 사실이다. 그러나 이 책은 비록 내 아이가 타고난 공부 재능을 갖고 있지 않더라도 뭔가 목표를 세우고 성취해낼 수 있는 노하우를 적잖이 제시하고 있다. 가령 운동(체력)의 중요성이나 부모가 줄 수 있는 최고의 유산이라는 악기 교육, 여행의 중요성 등이 그 예다. 여기에 엄마라는 이름의 '입시 전략가'로서 놓쳐서는 안 될 팁들도 유용하다. 또한 학생부종합전형에 대한 글들은 입시를 먼저 겪어본 엄마로서의 현실적인 조언이라 되새겨봄직하다
_김성현 맘 최정아 (서울시 강남구)

나는 끌어주는
엄마가 되기로 했다

"꺄아악~"

떨리는 마음으로 토마의 서울대 의대 합격을 확인한 순간, 나는 아파트가 떠나가도록 한참이나 비명을 질렀다. 자신의 모든 에너지를 하나도 남김없이 입시에 쏟아 부은 아이에게 당락의 문제는 곧 생사의 문제와 다르지 않은 것이었다. 발표를 기다리는 동안 나는 합격을 기원했다기보다는 제발 아이를 살려달라는 절규에 가까운 기도로 매 순간을 보내고 있었다.

큰아이 로사가 대입을 치를 때도 나는 같은 기도를 했었다. 어쩌면 두 아이의 입시가 이렇게도 똑같은 모습으로 반복되는지 그 현실이 안타깝고 서럽기까지 했다. 그 힘겹고 지난했던 입시의 과정을 글로 옮기려니 어느새 가슴이 뭉클해진다. 아이의 미래를 위해 고군분투하고 계실 이 땅의 많은 부모님들이 나의 경험담에 조금이나마 힘을 얻을 수 있게 되기를 바라면서 이야기를 시작해보려 한다.

큰아이 로사(딸)는 서울권 과학고를 조기졸업하고 연세대 의대에 진학했고, 아들인 토마는 서울 강남의 일반고를 졸업하고 서울대 의대에 진학했다. 두 아이의 남다른 입시 성과에 대해 많은 분들이 그 특별한 비결을 궁금해한다. 나는 아이들이 초등학교 저학년 때까지 교육에 그다지 열정적이지 않았다. 책읽기나 계산 연습 등은 틈틈이 했지만, 공부는 학교에서 하면 될 거라 생각하고 운동이나 음악을 가까이하도록 했다. 그런데 두 아이가 최상위권 의대 합격이라는 결과를 받은 것을 보니 그 시간들이 꽤 시기적절하게 아이들에게 필요한 학습의 기초가 되어주었던 것 같다. 그 과정을 정리해보면 이렇다.

영재원을 다니고 과학고 혹은 일반고를 나와 의과대학에 들어간 두 아이가 공부한 패턴은 비슷했다. 과학고를 조기졸업한 딸과 7세에 초등학교에 들어간 아들이 대학에 들어간 시기는 둘 다 만18세로 동일하다. 입시를 마치기까지 변화가 컸던 시기를 기준으로 성장 시기를 4단계로 나눠보았다. 우리 아이들의 성장 과정을 기준으로 나눈 것이라 적용 시기는 상황에 따라 개인차가 있을 수 있다.

1단계는 출생에서 초등 저학년(8~9세)까지로, 이때는 '학습 습관이 갖춰지는 시기'다. 무엇보다 예체능이나 독서, 일정한 시간에 학습지 하기, 스포츠 한 종목과 한 가지 악기에 능숙한 특기를 살려줄 수 있는 절호의 시기다. 학습에 대한 조급한 마음을 누르고 예체능 교육에 힘을 쓴다면, 본격적으로 학습에 전념해야 할 때 아이가 큰 힘을 발휘할 수 있게 된다. 초등학교 입학 시기와 맞물려 있으므로 기본적인 학습 습관은 매일매일 규칙적으로 연습하는 학습지 등을 이용해 잡아주면 된다.

2단계는 초등 고학년에서 초등학교 졸업 때까지 대략 2~3년 정도로, 이때는 '본격적인 학습이 시작되는 시기'다. 이 시기에는 자투리 시간에 학습지를 하는 등 학습 습관을 제대로 다져야 한다. 이때까지도 학습 습관이 잡혀 있지 않다면 더 늦기 전에 바로잡고 다지기에 들어가야 한다. 영재원이나 특목중, 특목고 입시 등의 성취를 위해 본격적으로 고강도의 학습을 시작하는 시기이므로, 그동안 해왔던 학습지도 틈틈이 최대한 높은 단계까지 마친다.

3단계는 중학교 입학에서 특목고 입시까지 3년 정도 기간으로, '최고의 실력을 향상시키는 시기'다(우리 아이들의 경우 이 단계에서 영재원에 다녔다). 중요한 학습의 시기로, 대입에 필요한 기본 실력은 이때 만들어진다. 사춘기 등으로 방황하며 시간을 허비하는 학생들이 많아지기도 하는 때이니, 그런 시기가 오기 전에 학습에 대한 동기부여가 필요하다. 특목고 준비로 정신을 무장하는 것도 좋은 방법이다.

4단계는 고등학교 입학에서 대학 입시까지로, '대입 2년 혹은 3년 프로젝트가 진행되는 시기'다. 이때는 교과 학습에 전념하고, 입시에서 요구되는 활동에 주력해야 한다. 고등학교 입학 이후에는 무엇보다 교과 학습에 전념해 내신 성적을 잘 받는 것이 중요하다. 교과 성적이 우수한 학생은 수시 대입 원서를 쓸 때 누구보다도 선택의 폭이 넓어지기 때문이다. 지원하는 학과에 적합한 비교과 활동도 충실히 해야 한다.

초등, 중등, 고등, 대학 6-3-3-4가 기본 학제인 우리나라의 교육 환경에서 대입을 위해 실력을 가장 높이 쌓을 최적의 시기는 중학생 때였다. 이 시기에 아이가 공부 능력을 최대한 발휘하기 위해서 유아기와 초등학교 시절을 어떻게 보내야 할지에 대해 진지하게 고민해봐야 한다. 아이 한 명 한 명에게는 교육이 시도해보고 아님 말고 할 수 있는 사안이 아니다. 참으로 매 순간의 판단과 선택이 중요한 문제다.

각 시기마다 로사와 토마는 내가 이끄는 대로 매우 잘 따라와주었다. 결과가 성공적인 경우도 있었지만 실패를 맛보는 경우도 다반사였다. 그러나 대입에 합격하기까지 일어나는 크고 작은 경쟁은 하나의 과정일 뿐이다. 성공했다면 그 성공을 발판으로 더 큰 성공을 도모하고, 실패했다면 그 실패를 도약의 발판으로 삼으면 되는 것이다. 대입이라는 큰 관문을 통과하기까지 일어나는 크고 작은 성공과 실패에 일희일비하지 않는 자세가 필요하다.

아이를 키우는 부모들에게 이런 말들이 비록 머리로는 이해되지만 가슴으로는 받아들여지지 않는 이야기라는 것을 잘 알고 있다. 받아쓰기 하나를 틀려도 하늘이 무너지는 것 같고, 백점 시험지 한 장에 세상을 다 얻은 듯 뿌듯해지는 게 부모 마음이기 때문이다. 그러나 심호흡을 하고 좀 더 큰 그림을 그리며, 보다 높은 곳을 바라보아야 한다. 가장 큰 것을 거머쥐었을 때 지나온 과정은 모두 정당화되고, 그것을 놓쳤을 때는 반대로 작은 성공들이 물거품처럼 의미 없는 일이 되고 만다. 결국 입시에서는 최후에 웃는 자가 되어야 하는 것이다.

적절한 시기에 적절한 교육을 받는 것이 아이의 판단만으로는 이루어지기 어려운 일이다. 학습은 자전거를 배우는 것으로 비유할 수 있다. 자전거를 처음 탈 때는 누군가 뒤에서 잡아주어야 하지만, 언젠가 잡아주는 그 손을 놓아도 아이가 자신의 힘만으로도 앞으로 나아갈 수 있는 순간을 맞이하게 된다. 공부도 마찬가지다. 단단히 잡아주며 흔들리지 않고 똑바로 타는 법을 배운 아이들이 빠른 시간 내에 자전거 타는 법을 터득하는 이치와 다르지 않다.

과학고를 선망해왔던 나는 아이들이 초등학교 고학년이 될 무렵부터 수학 경시를 공부하도록 했다. 수학 경시는 계산 연습을 하거나 교과를 선행하는 정도의 학습과는 비교할 수 없는 깊이와 양을 소화해야 한다. 경시는 혼자 하기엔 시간적으로나 효율적으로 불리한 면이 많고, 시험 시간만 4시간이 소요되는 체력적으로도 힘이 드는 공부다. 많은 학생들이 도전은 해보지만 중도에 포기하는 경우가 늘어나는 것은 이 때문이다.

수학 경시를 시작한 이후 아이들에게 학원은 일상이 되었다. 최상위권 학생들은 사교육 안에서의 경쟁도 대단히 치열하다. 나는 아이들이 학원을 통해 성장한 이야기도 가감 없이 책에 실었다. 자녀들의 교육에 남다른 관심과 정성을 기울이고 있을 게 분명한 독자들에게 정직한 도움이 되고 싶었기 때문이다.

스스로 학습만 고집하는 것은 현실적으로 무리가 따른다. 사교육 환경에서 살고 있는 이상 어느 정도 분위기를 따라가는 것이 아이들의 부담도 덜어주는 일이다. 다만 똑똑하게 시키면 된다. 부모님이 아이를 위해 무엇이 최선일까 끊임없이 고민하고 관찰하면서 공부하다 보면 그 길이 보이게 될 것이다. 나의 한 발 앞선 경험과 교육에 관한 신념이, 혹은 아쉬운 시행착오가 부디 독자들의 현명한 선택과 판단에 작은 실마리가 되기를 바라는 마음이다.

역동적인 우리나라의 입시 현장에서는 불과 몇 년 전 우리 아이들의 사례도 이미 역사가 되었다. 그러나 아무리 입시 제도가 바뀌고 사회 분위기가 달라져도 변함없이 강력한 힘을 발휘하는 가치들이 있다. 규칙적인 습관, 지속하는 힘, 집중력, 새로운 것을 배우는 능력을 갖추는 일 등이다. 이것은 엄마의 지혜와 노력에 의해 만들어질 수 있는 능력이기도 하다. 나는 이 책을 통해 이런 능력이 우리 아이들에게 어떻게 만들어졌고, 또 어떻게 공부력으로 발전했는지 알리고 싶었다.

"나는 똑똑한 것이 아니라 단지 문제를 더 오래 연구할 뿐이다." 인류의 천재 앨버트 아인슈타인의 이 겸손한 말이 아니더라도 타고난 지능보다 더욱 큰 힘을 발휘하는 가치들이 실제로 존재한다.

자신들의 노력에 대한 충분한 보상을 받은 아이들이 그러하듯 로사와 토마 역시 지금은 행복한 성취감과 높은 긍지와 자부심을 느끼며 참의사가 되기 위한 과정을 차근차근 밟아가고 있다. 지난 학기에는 토마가 성적 장학금을 받아 우리에게 다시 한번 큰 기쁨을 주더니, 얼마 전에는 로사가 종양학에서 과 수석을 차지해 순금 10돈을 상금으로 받아와 우리 집에 가보가 또 하나 늘었다. 아이들은 이렇게 내가 기울인 노력에 수십 배, 수백 배로 보답을 해주고 있다.

두 아이를 키우는 동안에도 입시제도에 크고 작은 변화들이 있었다. 안타깝고 불안할 때도 있었지만 불평할 겨를이 없었다. 부모의 비판적인 태도가 아이에게 도움도 안 된다. 일단 우리 아이에게 적절한 대책을 세우고 최선을 다해 대비하는 수밖에. 인생의 결과는 대부분 자기 책임이라는 사실을 아이가 되도록 빨리 깨닫게 해주는 것도 부모의 중요한 역할이다.

부모님들이 아이의 미래를 설계하는 데 이 책이 어떤 영감을 줄 수 있다면 큰 기쁨이요, 나의 시행착오와 교육방식이 반면교사가 된다면 그 또한 큰 보람이 될 것이다.

끝으로 이 책의 주인공들이 허락하지 않았다면 할 수 없었던 이야기들을 해보겠다고 했을 때 엄마를 응원해준 아이들에게 사랑과 고마움을 전한다.

정태희

차
/
례

PART 1

학습
인프라
구축하기

우리
아이의
첫 사교육은
수영

입시는 마라톤,
초반에 무리하면 절대 완주할 수 없다

대치동에 산 지도 벌써 10년이 넘었다. 10년이면 강산도 변한다
는데 그사이 대치동의 풍경도 많이 변했다. 가장 눈에 띄는 변
화는 우리가 이사를 온 2005년에 비해 주민들이 젊어졌다는 것.
우리 아이들이 초등학교 다닐 때는 입학부터 6년을 꼬박 한 학
교를 다닌 학생들보다 중간에 타지에서 전학 온 학생들이 훨씬
많았다. 그런데 지금은 아파트 단지 이곳저곳에서 취학연령 혹
은 더 어린 아이들도 눈에 많이 띈다.

　조부모가 살았고 부모가 살아온 터전에서 태어나 자란 아이들

이라면 모르겠지만, 혹시 교육을 위해 최대한 빨리 대치동에 자리 잡은 거라면 나는 그 생각을 지지하기 어렵다. 우리 아이들은 큰아이가 5학년, 둘째가 3학년 때 전학을 왔는데, 나는 그즈음을 가장 적절한 시기라고 생각한다.

대치동에는 아무래도 앞서가는 아이들이 많다. 가장 선두에서 나이에 비해 빠른 성취를 보이는 학생을 기준으로 엄마들 마음은 조급해지기 쉽다. 본격적인 학습을 시작하기 전 몸과 마음을 단단히 다져놓기도 전에 100미터 달리기와도 같은 초반 스퍼트를 내고 나면 더 이상 달릴 힘이 빠지고 만다. 아직 갈 길이 한참 멀었는데도 말이다. 아이 둘을 기르면서 경험해본 바에 의하면, 초반에 드러난 우수성이 꾸준히 계속되는 경우는 매우 드물었다.

입시는 마라톤과 같다. 처음부터 무리해서는 절대 완주할 수가 없다. 구간 구간의 위기를 넘기며 같은 페이스를 유지해도 언젠가는 지극히 고통스러운 순간을 맞이하게 된다. 하지만 그 순간을 이겨내고 계속해서 달리다 보면 결국 종착점에 도착하는 마라톤과 같은 장거리 달리기다.

무사히 완주하는 것은 물론 상위권의 성적을 내기 위해서는 본격적인 경주가 시작되기 전에 장기 레이스에 적합한 몸과 정신의 상태를 만들어둬야 한다. 그런데 너무 어릴 때부터 경쟁적인 학습 환경에 놓이다 보면 준비운동을 할 새도 없이 바로 경기에 뛰어들 가능성이 높다. 불필요한 일에 에너지를 낭비하다가 정작 중요한 일에는 적당한 시기도, 기회도 놓치고 마는 경우가 발생한다는 것이다.

어떤 사람이 되든 수영을
잘하는 누군가가 되길 바랐다

우리 아이들이 경기도 소도시에서 유아기와 초등 저학년을 보낸 것은 다행이었다. 대치동에서 어떤 일이 벌어지고 있는지도 모른 채 나는 내 생각대로만 아이들을 키웠다. 공부는 좀 천천히 해도 될 것이라 생각하고 나의 오랜 로망인 수영을 가르쳤다. 동양인으로서는 드물게 파워풀한 연주를 하는 것으로 유명한 피아니스트 백혜선. 그녀가 어렸을 때 수영 선수로 활동했다는 사실이 너무 멋있어 보였다. 그래서 나는 우리 아이들이 어떤 사람이 되든 수영을 잘하는 누군가가 되길 바랐다.

엄마의 소망으로 첫째인 로사의 첫 사교육은 그렇게 수영장에서 시작되었다. 4세 때 엄마와 함께 배우는 수영으로 시작해서 초등학교 3학년을 마칠 때까지 로사는 꼬박 7년간 수영을 배웠다. 수영을 맨 처음 시작했을 때 모인 아이들은 4~5세였는데 당시 4세 아이의 엄마였던 내 눈에 5세 언니 오빠들은 훨씬 커

보였다. 아이를 낳으면 엄마는 아이 눈높이가 된다고 하는데, 갑자기 생기는 그 모성이 참 신기하고 오묘했다.

로사에게 수영은 처음부터 즐거웠다. 엄마와 함께하다 보니 물에 대한 두려움도 떨칠 수 있었고, 수영이 끝난 후 같은 반 친구들과 이 집 저 집 몰려가 저녁이 다 되도록 놀다 오곤 했다. 친구 동생의 돌잔치라도 있으면 그날은 우리들의 파티 날이었다. 뷔페 접시를 5개는 비워가며 오래도록 웃고 떠들었던 기억이 지금도 생생하다.

엄마들도 수영을 배우는 프로그램이라 한 1년쯤 지난 뒤 엄마들은 수영장에서 열린 지역 아마추어 수영대회에 나갔다. 한 팀을 겨우 만들어 4명이 한 조로 릴레이 시합에 나갔는데, 출전한 네 팀 중 한 팀이 실격해 우리 팀이 동메달을 차지했다. 동생을 돌봐야 하는 엄마들이 많아서 연습도 제대로 못하고 참가하는 데 의의를 두자고 했는데, 어부지리로 메달까지 하나씩 꿰차고는 엄마들도 아이들도 좋아서 어쩔 줄 몰라 했던 모습은 지금 떠올려봐도 미소가 절로 지어진다.

아이들이 완벽하게 물에 떠서 팔 젓기를 할 정도가 되자 엄마들과 분리되어 강습을 받았다. 로사는 아기 스포츠단을 거쳐 유아 스포츠단에서 줄기차게 수영을 했다. 간간이 물속에서 동전 줍기를 하거나 스포츠단 내에서 상품을 걸고 시합을 하기도 했지만, 주3회 강습을 받는 것 외에는 특별한 감흥이 없었다.

로사는 4세 때 시작해 7년 동안 배운 수영을 통해 다른 분야의 잠재력도 같이 성장했다.

　수영이 지지부진한 틈을 타 일탈을 즐기고 있는데, 수영 선생님이 로사에게 선수반을 권하셨다. 나 역시 수영을 마스터하려면 선수반에서 연습을 해야 하지 않을까 생각하고 있던 차였다. 선수반이 수업하는 모습을 본 적 있던 로사는 당연히 기겁했지만, 예쁘고 하얀 강아지 한 마리에 굴복하고 말았다. 우리는 바로 페키니즈 종인 달롱이를 입양했고, 로사는 초등 2학년 때 선수반을 운영하는 인근 수영장으로 옮겼다. (2002년 로사의 선수반 입성과 함께 우리 집으로 입양된 달롱이는 아이들과 함께 잘 자라다가 로사가 대학에 진학하던 해에 별이 되었다.)

어느 한 분야에 매진하다 보면
다른 분야의 잠재력도 같이 성장한다

선수반 훈련은 생각보다 훨씬 더 혹독했다. 주5~6회 지상훈련을 포함해 한 번에 3시간가량을 수영장에서 살았다. 한번은 단체로 기합받는 모습을 보고 코치님께 좀 살살하시면 안 되냐고 여쭈니 살살하면 초가 줄지 않는다며 눈 하나 꿈쩍하지 않으셨다. 2층 커피숍 통유리를 통해 나는 그 시간 내내 아이들이 훈련하는 모습을 지켜보았다. 심한 기합을 받을 때면 당장 쫓아 내려가 아이를 데려오고 싶은 충동을 누르고 또 눌렀다. 체력 보충을 위해 선수반 아이들에게 추어탕을 먹이러도 자주 갔다.

선수반 생활을 할 때 로사는 학교 다니며 수영하기도 벅찼다. 그런데 로사보다 한두 살 많은 아이들 중에는 그 틈틈이 수학, 영어, 미술, 피아노 등을 모두 배우고 있었다. 각 학교에서 독보적으로 상을 휩쓴다고 했다. 그게 과연 가능할까 싶었는데, 시합을 같이 나갔을 때 그 엄마가 아이들을 어떻게 몰아치는지를 보게 되었다. 죽을힘을 다해 100미터를 헤엄치고 숨이 목까지 찬 상태로 물에서 올라온 여자아이를 냅다 뺨을 때려 쓰러뜨리는 것이 아닌가. 금메달이 아니라는 이유였다. 엄마의 공포 분위기에 기계처럼 움직이던 그 아이들이 어떻게 성장했을지 궁금하다. 대치동 엄마들과는 또 다른 분위기의 그 엄마들은 아이를 돋보이게 하기 위해서는 육탄전도 불사할 듯했다.

1년여의 혹독한 훈련 끝에 난생 처음으로 나간 전국대회에서 로사는 초등학교 3, 4학년부 배영 부문 100미터에서 6등을 했다. 기록이 연습 때보다 몇 초나 줄은 모습을 보고 코치님이 깜짝 놀라셨다. 그런 경우는 드물다고 했다. 나는 그때부터 로사를 '해내는 아이'라고 불렀다. 실제로 그 사건은 이후 로사가 수없이 해냈던 '그 어려운 일'들의 서막에 불과했다. 처음이자 마지막으로 대회를 마치고 수영을 그만두었다. 좀 더 했더라면 하는 아쉬움은 남지만 7년 동안의 수영을 선수반에서 마무리한 것은 아이에겐 누구도 줄 수 없는 커다란 재산으로 남았다.

수영을 한참 할 때는 몰랐다. 눈에 보이는 것이 전부였기 때문에 영법을 익히고 물이 있으면 어디서든 물고기처럼 뛰어노는 모습만으로도 뿌듯했다. 다만 로사가 수영을 할 때 학교에서 피구를 잘해서 친구들이 서로 자기 팀으로 데려가려 한다는 이야기며, 피구뿐 아니라 체육시간이면 웬만한 운동 종목에서 다 날아다닌다는 말을 들었을 땐 마냥 신기했다. 배영이 주 종목인 로사는 배영 연습만 죽어라고 했는데, 배영 실력이 늘면서 자유형, 평영, 접영까지 잘되는 것도 놀라웠다.

그러던 어느 날, 틈틈이 학습지를 했지만 학습보다는 수영에 주력해왔던 로사가 4~6학년 대상의 무학년으로 운영되던 교내 영재학급 선발에 합격했다. 3학년이 끝나갈 무렵의 일이었다.

수영에 몰입하면서 아이에게서 일어났던 일련의 변화를 보며 그때 어렴풋이 깨달았던 일을 이제는 확신을 가지고 말할 수 있다. 그것은 운동이든 음악이든 어느 한 분야에 매진하다 보면 다른 분야의 잠재력도 같이 성장한다는 사실이다.

다양한 분야의 영재를 발굴해 후원하는 TV 프로그램 〈영재발굴단〉에서 언젠가 마샬아츠Martial Art 영재를 소개한 적이 있다. 이름도 생소한 마샬아츠는 고난도 텀블링 등을 구사하는 스포츠인데, TV에 소개된 어린이는 수준급의 동작을 척척 해내는 세계가 인정한 신동이었다. 그 아이는 자신의 우상이자 롤 모델이 정두홍 무술감독이라고 했고, 제작진은 두 사람을 연결해 멘토링하는 모습을 보여주었다. 정 감독은 공부에는 취미도 의욕도 없는 아이에게 최소한의 공부는 해야 한다며 이렇게 조언했다.

"네가 익스트림에서 1등을 하잖아. 그럼 공부를 해야겠다 하고 결심하는 순간 너는 공부도 1등을 할 거야. 네 몸 안에는 이미 그런 능력이 있어."

정 감독의 말을 듣고 나는 '아, 과연 이분은 진정한 마스터님이시다'라고 생각했다.

대전광역시 대표선수로 활약하며 전국체전에도 출전하는 등 한때 쇼트트랙 꿈나무였던 한류스타 송중기. 지금은 온 국민이 알아볼 정도로 유명한 스타가 되었지만, 그는 고등학교 2학년 때까지 스케이트 선수로 활동하다가 발목 부상으로 그만두었다.

이후 짧은 시간 동안 공부에 몰입해 명문대에 합격했으니 놀라운 능력이다.

2016 미 포보스에서 발표한 '가장 영향력 있는 여성 100인'에 이름을 올린 국제통화기금(IMF) 총재인 크리스틴 라가르드 Christine Lagarde. 그녀 역시 어렸을 때부터 수중발레를 했는데, 15세에는 수중발레 프랑스 국가대표 선수로 프랑스 챔피언십에서 동메달을 딸 정도였다. 이후 파리10대학에서 법학을 전공하고, 지금은 189개 회원국을 거느린 IMF 총재로 세계에서 주목받는 여성 리더로 불린다. 어느 한 분야에 매진하다 보면 다른 분야에서도 높은 성취를 이룰 수 있는 잠재력이 함께 성장한다는 것을 증명하는 좋은 예들이다.

깊은 공부를 하기 위해서는 그 깊이를 받아들일 수 있는 준비 단계가 필요하다

어떤 운동을 하기 전에는 가볍게 몸을 풀기 위해 반드시 웜업 warm-up을 한다. 운동의 효율도 높이고 갑작스런 움직임으로 인한 부상을 막기 위해서다. 공부도 마찬가지다. 깊은 공부를 하기 위해서는 그 깊이를 받아들일 수 있는 준비 단계가 필요하다. 나는 공부를 하기 위한 준비운동으로 즐길 수 있는 스포츠 한 종목을 마스터하길 강력히 추천한다.

아이들은 금방 크는 듯하지만 입시는 생각보다 장기전이다. 대학 진학률이 80%에 달하는 우리 사회에서 '고사미', '고사미맘'(고3을 인터넷 용어로 고사미라 부른다)은 더 이상 특별한 신분도 아니지만, 고3이 인생에서 중요한 시기라는 데는 모두가 공감한다.

그런데 입시는 고3 딱 1년을 잘 보낸다고 쉽게 해결될 문제가 아니다. 고3은 드디어 입시가 치러지고 그 결과가 나오기 시작하는 시기이므로, 그 어느 때보다 몸과 정신의 컨디션이 좋아야 한다. 그러나 그 준비는 이미 오래전부터 시작되어야 하고, 고3 때 마침내 마무리되는 것이다. 그것도 그나마 대학에 진학했을 때의 이야기이고, 그 뒤로 몇 년이고 계속될 수도 있다.

입시는 지구전이다. 오랜 시간을 갈고 닦은 내공이 하루의 시험과 면접으로 결정되는 것이 입시다. 튼튼한 체력과 강인한 정신력이 필요한 것이 장기전의 특징이다. 운동은 그 두 가지를 모두 길러주는 가장 확실한 방법이다. 운동을 하다 보면 체력적인 한계를 극복하면서 얻는 게 있다. 바로 정신의 힘이다. 운동을 통해 고통을 겪고 위기를 헤쳐가면서 얻어진 정신의 힘은 아이가 어떤 어려움에 부딪혔을 때 극복할 수 있는 저력이 된다. 이것이 역경 속에서 위인이 탄생하는 이유다. 선조들도 말하지 않던가. 젊어 고생은 사서도 한다고.

대치동에 처음 왔을 때 주말에 아이들이 모여 사회체육을 하는 모습을 많이 보았다. 대여섯 명씩 그룹으로 모여 축구나 농구 등을 하는 스포츠클럽이었다. 아이들이 만나 즐겁게 노는 것은 좋지만, 산책 수준의 운동으로 아이가 변화되는 것을 기대할 수는 없다.

하나의 운동 종목을 마스터해서 언제 어디서라도 자신 있게 즐길 수 있는 정도가 되려면 주5회 이상, 한 번에 90분 이상 몰입해서 해야 한다. 추억 삼아 아마추어 대회에 나가 수상이라도 하면 더욱 좋다. 아이는 성공을 경험하게 되고 자신감도 듬뿍 갖게 될 테니, 그 나이에 이룬 어떤 성취보다도 의미가 크다. 수상 경력은 나중에 진학하는 데 여러모로 쓰임새도 생긴다.

교육부는 학교체육예술교육 강화 지원계획으로 '1학생 1스포츠' 활동을 장려하기 위해 2015년 하반기부터 학교별로 3개 종목 이상 스포츠클럽을 운영하고, 초등 3~6학년을 대상으로 하는 수영 실기교육도 확대하기로 했다고 한다. 이제는 공교육에서도 스포츠 한 종목을 마스터하기가 수월해질 것 같다. 신체활동의 즐거움과 필요성이 중대하게 부각되는 사회 분위기가 반갑다. 이제 더 이상 학교 체육시간이 자습시간으로 대체되는 일은 없기를 바라는 마음이다.

필요한
시기에 적절한
과정을
밟는다는 것

아이들은 부모가 자신을
담금질해주길 바란다

처음 로사에게 선수반에서 운동하자고 했을 때 당연히 아이는 손사래를 치며 질색했다. 가끔 아이를 믿고 아이가 하고 싶어 하는 일을 하도록 기다려준다고 말하는 부모들이 있다. 하지만 나는 지지하지 않는다.

　로사가 과학고를 다닐 때 수학에서 어려움을 호소하는 아이들이 많이 있었다. 그중 많은 아이들이 "왜 엄마는 나 어렸을 때 계산 연습을 안 시켰어?"라며 투정한다고 해서 반 모임에서 다 같이 웃은 적이 있다. 수학 최상위권 학생들 중에는 의외로 단순

계산을 하는 학습지를 높은 과정까지 마친 아이들이 많다. 참으로 지루하게 반복되는 연습이라 많은 아이들이 지속하지 못하는 학습지였다.

필요한 시기에 적절한 과정을 밟는 일이 어디 아이들의 선택에만 의존할 수 있는 일인가. 엄마의 판단에 확신이 있을 때는 수단과 방법을 전부 동원해서 밀고 나가야 한다는 게 나의 지론이다. 결과가 어떨지는 시작할 때는 모른다. 하지만 실제로 해봐야 좋은 결과도 생기는 법이다. 무조건 아이가 원하는 대로만 해주는 게 최선이라고 생각하는 부모들의 오해와 달리 아이들은 부모가 자신을 담금질해주기를 바란다. 돌이켜 생각해보면 그건 내 경우도 그랬다.

어렸을 때 주변의 온갖 기대와 촉망을 받은 데 비해 나의 청소년기는 그다지 빛나지 못했다. 결혼하고 아이를 키우면서 가끔 내가 나 같은 엄마를 만났다면 얼마나 성장할 수 있었을까 하는 상상을 한다.

내가 초등학교 6학년 때의 일이었다. 같은 반 친구의 생일 파티에 간 적이 있었다. 친한 친구 서너 명이 초대된 작은 규모의 잔치였는데, 친구의 아버님도 자리를 함께하셨다. 아버님은 친구의 생일 파티를 처음 해주는 거라며 감격에 겨워 하셨다. 친구의 부모님은 어린 나의 눈에도 그 동네나 친구의 작은 집에는 다소 어울리지 않는 단정한 옷차림의 미남 미녀였고, 무척 지성적으로 보였다. 친구 아버님은 작은 트렁크처럼 생긴 기계로 우리에게 음악을 들려주시기도 했다.

친구는 오빠가 한 명 있었는데, 어머니께서는 우리와 함께 이런저런 이야기를 나누시다가 "내가 우리 아이들은 내 팔을 분질러서라도 공부시킬 거야"라고 말씀하셨다. 겨우 초등학생일 뿐인 우리 앞에서 왜 그리 결연한 의지를 드러내셨는지는 모르겠다. 과연 친구와 친구 오빠는 둘 다 서울의 상위권 의대에 진학했다. 그 시절 지방에서는 무척 드문 일이었다. 지금은 부모님을 닮아 현명하고 지혜로운 부모로, 그리고 중년의 멋진 의사 선생님으로 살고 있을 것이다.

자식이 부모에게 도리를 다해야 하듯 부모 또한 자식에게 책임을 다해야 한다. 40년이 다 되가는 오래전 일이 지금도 이토록 선명하게 기억나는 게 나도 신기하다. 어렸을 땐 미처 깨닫지 못했지만 나도 모르게 그분들께 강력한 영향을 받았던 것은 아닌가 싶다. 부모의 책임을 다하는 것은 그렇게 어려운 일도, 힘든 일도 아니다. 나로부터 세상에 태어난 아이들이다. 친부모가 끔찍한 아동 학대를 한다는 사실이 가슴 아픈 요즘이다. 여건이 된다면 형편대로, 여건이 안 된다면 지혜를 모아서라도, 여건도 지혜도 안 된다면 부디 사랑만으로라도 아이에게 책임을 다해주기를 간곡히 부탁드린다.

울면서 수영장에 안 가겠다고 한 적도 많았지만, 로사는 자신이 수영을 한 것을 가장 의미 있는 경력으로 손꼽는다. 수영은 딸아이에게 인생 최대의 역경이었다. 운동선수 부모님들은 한결같이 "공부가 제일 쉬워요"라고 말하신다. 물론 잘은 모르시고 하는 말씀이지만, 운동선수들이 어느 정도의 강도로 훈련하는지 맛 정도는 본 우리는 그 심정을 조금이나마 이해한다. 턱까지 차오른 몸의 한계를 뛰어넘는 건 다반사로 벌어지는 게 운동선수의 일상이다.

어린 나이에 겪은 이런 엄청난 고통을 로사는 가슴 뿌듯하게 추억한다. 그 이후에 벌어지는 공부라는 거대한 산도 그 고통에 비해서는 가볍게 넘길 수 있었던 것이었을까. 공부의 양과 압박이 엄청났던 딸에게 그런 가슴 뿌듯한 경험의 기회를 만들어준 것은 참 잘한 일이었다.

그에 반해 누나를 따라 설렁설렁 수영장을 다닌 토마는 어렸을 때 몸이 너무 안쓰럽게 말라서 로사만큼 혹독하게 수영을 시키지 못했다. 그 점이 내내 아쉬웠는데, 고등학생이 되더니 토마는 그제야 운동의 맛을 알게 되었다. 늦은 감이 있지만 필요한 시기에 적절하게 운동 능력을 발휘해줘서 결국 입시에도 큰 도움이 되었으니 다행이다. (아들의 사례는 뒤에 이야기하기로 하겠다.)

로사는 최근에 스킨스쿠버 강사 자격증도 땄다. 이제는 수영은 물론 해양 스포츠를 즐길 수 있는 누군가가 될 수 있을 것 같다.

백점을 맞기 전에는
절대 생기지 않는 자신감

부모라면 자기 아이들이 뭐든 할 수 있을 자신감에 충만해 있고, 지치지 않으며, 언제든 도전하고 노력하는 모습을 보여줬으면 하는 바람이 있다. 잘하는 아이 옆에서 한없이 작은 모습으로 쪼그라든 자신의 아이를 보는 것만큼 괴로운 일도 없다. 그런데 이 자신감이라는 게 백점을 맞기 전에는 절대로 생기지 않는다. 기를 세워주겠다고 쏟아내는 의미 없는 칭찬은 오히려 아이에게 열등감만 키워줄 뿐이다. 성공을 경험해본 아이는 또다시 성공할 가능성이 높다. 성공도 습관이기 때문이다.

공부는 자기가 하는 거라고 뒷짐 지고 있다가는 아이는 적절한 성공을 맛보지 못하고, 자신감은 점점 잡기 어려운 연기처럼 훨훨 날아가 버리고 만다. 한 번 백점을 맞아본 아이는 다음에도 백점을 맞기 위해 노력하게 된다. 그렇게 하다가 반에서 1등, 전교에서 1등이라도 하는 날이면 아이는 이제 부모도 못 말리는 공부벌레가 되고 마는 것이다. 최초의 백점은 그래서 중요하다.

공부는 스스로 하는 것이라 하면서 아이가 뭘 힘들어 하는지에는 관심조차 안 두다가 결과만으로 아이를 윽박지르는 건 옳지 않다. 세상이 얼마나 넓은지, 자신에게 펼쳐진 기회가 얼마나 셀 수 없이 많은지 미처 헤아려보기도 전에 아이를 벼랑 끝으로 내몰아 극단적인 행동을 하게 만들지도 모른다. 혹시 친구관계 때문에 힘든 건 아닌지, 수업 내용이 너무 어려워 수업 시간 내내 엎드려 잠만 자다 오는 것은 아닌지 엄마 마음의 눈과 신경 레이더는 언제나 아이에게 향해 있어야 한다. 적어도 '엄마는 어떤 상황에서도 내 편'이라는 안정감이 아이의 학습 성취도를 높이고, 주변 사람들과 공감하고 소통하는 사회성도 키워준다.

초등학교 때 공부가 그럭저럭 고만고만했던 토마는 중학교에 입학하기 전에 배치고사를 봐야 했다. 그동안은 로사에게만 주로 집중했었는데, 배치고사를 준비해야겠다 생각하고 토마와 시험 과목 문제집을 한 권씩 풀어나갔다. 아이가 문제를 풀면 채점을 해주는 정도였지만, 엄마가 옆에서 공부하는 걸 봐주니 토마는 무척 기분이 좋아 보였다. 그러더니 예상치도 않게 배치고사에서 덜컥 수석을 해버린 것이다. 중학교 입학식 때 단상에 올라가 교장선생님께 대표로 상을 받는 모습을 보며 이게 정말 꿈이 아닌가 했다. 토마가 나를 자신의 학습 매니저로 전폭 신뢰하기 시작한 것은 아마도 그때부터였던 것 같다.

스스로 잘해주기를 기다리면서 아이를 닦달하고, 혼내고, 화를 낼 게 아니라 잘할 수 있는 환경을 먼저 만들어주는 게 부모의 역할이다. 그래야만 결과에 대한 책임을 물었을 때도 아이가 수긍하고 받아들일 수 있다.

엄마가 아이의 학습에 관심을 갖게 되면 여러모로 긍정적인 결과를 가져온다. 쉽지 않은 공부를 하고 있는 아이의 고충도 이해하게 되고, 결과만으로 아이를 윽박지르고 혼내는 태도도 스스로 자제하게 된다. 아이는 엄마의 관심으로 한껏 고무되어 기대 이상의 성과를 내기도 하고, 성공과 성취를 향한 발걸음에도 속도를 낼 수 있게 된다.

다만 하나하나를 직접 가르치려 하다가는 아이와의 관계가 돌이킬 수 없을 정도로 악화될 위험이 있다. 엄마는 선수의 일거수일투족을 꿰뚫고 있지만, 일일이 기술을 가르치지는 않는 감독 역할을 해야 한다. 코치 역할까지 하려고 하면 아이도 엄마도 금방 지치고 만다.

가르치는 일은 학교 선생님이든, 학원 선생님이든, 과외 선생님이든 선생님들이 하는 일이다. 엄마는 관리자로서의 역할을 충실히 하는 것으로 족하다. 그날에 해야 할 과제는 다 마쳤는지, 내일의 준비물은 잘 챙겼는지, 학교에서 놓치지 말아야 할 활동이 무엇인지, 학교 연간교육계획안을 냉장고에 붙여놓고 자주 들여다보는 일, 시험 공부 계획을 같이 세우고 철저하게 실천을 점검하는 역할 정도를 말한다. 그 이상을 개입하는 데는 신중한 접근이 필요하다.

'가르치는 일은 선생님의 일'이라고 역할에 분명한 선을 그어두면 엄마들이 선생님을 대하는 태도도 달라진다. 우리 아이를 성장시켜 주는 선생님에 대한 감사와 공경의 마음이 생기지 않을 수 없다. 나는 우리 아이들을 가르쳐주는 선생님이라면 학습지 선생님이든, 대학생 과외 선생님이든 최선을 다해 존중하고 공경하는 마음을 가졌다. 하물며 공교육 현장에서 아이들을 이끌어주시는 학교 선생님들께야 얼마나 스스로 삼가고, 단정히 공경해야 할 일인가. 부모가 선생님들을 어떤 자세로 대하는지는 아이들을 통해 선생님들에게 전달되기 마련이다.

즐겁고 행복하게 할 수 있는 공부를 억지로 힘들게 하면서 아이의 짜증이 온 가족의 불화로 이어지고 있지는 않은지…. 행복은 성적순이 아니라지만 공부 잘하는 아이 집의 행복지수가 높다는 것은 부정할 수 없는 사실이다. 엄마의 지혜와 노력으로 아이의 공부력을 키우고 가정의 행복지수도 높여보자.

"집은 지혜로 지어지고 슬기로 튼튼해진다." 잠언의 말씀이다.

다양한
경험으로
아이를
살찌우기

수영을 하는
틈틈이 배운 발레

로사는 수영을 배우는 틈틈이 발레를 배웠는데, 예쁜 발레복을 맞춰 입고 단체대회를 나가기도 했다. 지금도 그 발레복이 아이 옷장에 반짝반짝 잘 걸려 있다. 그때 무슨 상을 탔는지 기억이 나지 않아 아이의 보물상자를 찾아보았다. '2001년 5월 13일 전국남녀예능대회 무용부 최우수상'이다. 학원 발표회 때 올케가 와서 보고는 동작을 하나도 안 틀리고 정확하게 하는 아이는 로사밖에 없더라며 자랑스러워했다. 무엇이든 주어진 일은 눈을 반짝이며 열심히 했던 로사는 발레 동작도 빠르고 정확하게 익혔다.

하버드 로스쿨 석지영 교수는 한때 발레리나를 꿈꿨다고 한다. 발레로 단련된 그녀의 안정적인 자세와 걸음걸이가 인상적이었다. 어린 딸이 있으면 한번쯤은 욕심껏 발레를 시켜보는 것도 좋을 것 같다. 어떤 커리어를 갖게 되든 수준급의 예체능 실력을 갖추는 것은 본인이 얻는 성취의 기쁨은 물론이고 그 커리어에 전문성과 매력을 더해준다.

지금은 고인이 되신 친정어머니, 그리고 친언니와 올케는 우리 아이들의 공연을 보러 다니는 게 일이었다. 발레, 피아노는 물론 서울로 이사 온 후에는 로사의 첼로 공연, 토마의 주니어 오케스트라 공연 등 행사가 참으로 많았다.

친정어머니는 로사의 영재고 시험을 나흘 앞두고 운명하셨다. 당시 어수선한 집안 분위기 때문이었는지, 실력이 부족했었는지 로사는 영재고 시험에 낙방을 했다. 나는 친정어머니를 잃은 슬픔과 아이의 실패라는 아픔을 동시에 겪으면서 내 인생에 어떤 시련이 이보다 더 가혹할까 하는 생각이 들 만큼 힘든 시간을 보냈다.

다행히 로사는 곧이어 과학고에 합격해 승승장구했지만, 내 마음 한구석에는 친정어머니를 잃은 아픔이 자리했다. 틈틈이 친정 부모님을 위해 성당 연도제에 참석하고, 돌아가신 분들의 영혼을 위한 연미사를 넣으면서 스스로 슬픔을 달랬다. 우리 아이들이 이토록 남들이 부러워하는 성과를 거둔 것을 아셨다면 세상 누구보다도 자랑스러워하셨을 것이다.

우리 집은
동네 어린이집

대치동으로 이사 오기 전에 살았던 경기도 근처의 아파트에는 우리 아이들의 또래 친구들이 많았다. 전체 30가구가 살고 있던 한 라인에 우리 아이 둘의 또래가 있던 집이 6가구 정도 있었다. 이사도 비슷한 시기에 와서 서로들 친하게 지냈다.

우연찮게도 다른 어머니들이 전문직을 가진 직장맘들이어서 엄마가 전업주부인 우리 집은 항상 이웃집 아이들로 붐볐다. 지금처럼 자동잠금 장치가 흔하지 않던 때라 현관문을 잠가두지도 않아서 아이들이 자유롭게 드나들었다. 점심은 우리 아이들을 포함해 6~7인분을 차리는 게 보통이었다. 어차피 모여서 놀다 보니 학습도 하면 좋겠다 싶어서 아이들을 모두 차에 태워 한동안 도자기를 만들러 다닌 적도 있었다. 돌이켜보면 아이들을 키울 때는 어디서 그런 힘이 나왔는지 슈퍼우먼이 따로 없었다. 지금 다시 하라면 하루도 못 가서 몸져누울 것만 같은 일을 한 번도 힘든 줄 모르고 했었다.

당시 토마의 또래 친구들은 5명이 모두 한 유치원을 다녔다. 여학생 셋, 남학생 둘이 나란히 유치원에 가고 오던 모습이 그림처럼 아름다웠다. 가끔씩 병아리 장수가 동네에 올 때 한두 마리사서 기르다 다 크지 못하고 죽어버리면 아이들이 고이 싸서 땅에 묻어주고 '병아리 무덤'이라며 수시로 가서 살펴보기도 했다.

우리 집 강아지 달롱이는 동네 아이들의 귀여움을 독차지했다. 문만 열리면 집을 나가버리는 강아지를 다른 집 아이가 발견하고 데려온 적도 있었다. 오르다 같은 교구 수업이나 미술 수업을 같이 하기도 했다. 생일 파티나 파자마 파티 때는 한 집에서밤새 놀고, 같이 자면서 많이도 부대끼며 친하게 지낸 친구들이었다. 도시에 살았지만 시골에서 산 것 못지않은 이웃과의 교류가 정겨운 나날이었다.

서울로 이사 와서도 낯선 환경에서 아이들이 친구들과의 관계에 어려움 없이 학업에 몰두할 수 있었던 것은 그곳에서 진하게 나누었던 이웃과의 정으로 풍부해진 정서 덕분이 아니었을까 한다. 교육 등의 이유로 영국으로, 일산으로, 분당으로뿔뿔이 흩어진 다른 친구들에게도 아마 마음의 고향은 공기 좋고 앞마당이 훤했던 그곳 아파트였지 않을까 싶다.

문화와 체육 활동을 하기

편리했던 소도시

발레 학원과 피아노 학원에서 원생들의 발표회는 시설이 크고 훌륭한 시민회관을 빌려서 했다. 작은 동네 학원에서 시민회관을 대관해 공연한다는 것은 소도시에서나 가능한 일이었다. 또 소도시다 보니 같은 공연을 서울보다 상대적으로 적은 관람료를 내고 볼 기회가 많았는데, 그럴 때면 절대 놓치지 않았다.

시민회관에서 열리는 웬만한 클래식 공연이나 발레 공연은 부지런히 보러 다녔다. 유니버설 발레단은 매년 12월이면 시민회관에서 〈호두까기 인형〉을 상연했다. 피아니스트 백건우 씨의 연주는 구도자求道者의 깊이가 느껴질 정도로 가까이에서 볼 수 있었다. 직접 사인을 받기도 했다.

시민회관에서는 가끔 영화도 상영했는데, 아이들에게 한때 폭발적인 인기를 끌었던 TV 만화 〈피카츄〉를 영화로 보여주기도 했다. 어른들이 보는 영화도 저렴하고 쾌적하게 볼 수 있어서 엄마들과 함께 가끔 갔다. 안양문예회관도 가까이 있어서 임헌정 지휘의 부천 필하모니 오케스트라 공연을 본 적도 있었다. 그때 토마가 잠이 들었는데, 코 고는 소리가 날까 봐 조마조마했던 기억이 난다.

소도시는 문화와 체육 활동을 하기가 대도시보다 편리했던 것 같다. 서울에는 좋은 공연도 많고 훌륭한 시설도 한두 군데가 아니지만, 접근하기엔 소도시만큼 편리하지가 않다.

소극장에서 올리는 조악한 어린이 연극도 로사가 너무 좋아해서 레퍼토리가 바뀔 때마다 가서 보았다. 자주 갔던 소극장은 건물의 맨 위층에 있었는데, 옥상에 토끼와 닭을 기르고 있었다. 공연을 보러 갈 때면 그 동물들이 얼마나 컸나 보고 돌아오곤 했다. 로사는 연극을 보고 온 날이면 그날 본 연극의 대사나 율동을 흉내 내곤 해서 우리는 집에서 작은 공연을 또 한 편 볼 수 있었다.

걷기 대회에 나가 받아온 줄넘기를 가지고 한동안 온 가족이 매일 저녁이면 아파트 뒷마당에서 줄넘기를 한 적도 있었다. 그게 아이들에겐 즐거운 추억이었는지 일기에는 가족과 함께 줄넘기하는 모습이 여기저기에서 웃음소리처럼 나타난다. 주말이면 도시락을 싸가지고 소풍 가듯 미술대회에 나가기도 했다. 로사가 초등학교 2학년이 되었을 9세, 선수반에 들어가 본격적으로 수영을 하기 전까지 우리 가족은 참으로 태평하게 세월을 보내고 있었다.

너무나 당연하고 자연스러워서 무심코 행해지는 가족 간의 유대는 가족 일원에게 더할 수 없는 '심리적 안전감'을 준다. '심리적 안전감'이야말로 조직에서 창의성과 생산성을 높이는 핵심이라는 것이 최근의 연구 결과에서 밝혀지고 있다. 하버드대 경영

대학원의 에이미 에드먼슨^{Amy Edmondson} 교수는 최고의 팀에 있는 속성을 '심리적 안전감'이라고 규정했다. 팀원들이 서로 신뢰하면서 회의 시간에 솔직하게 발언해도 응징을 받지 않을 거라고 확신해야 한다는 것이다. 이 속성의 효과는 너무도 강력해서 팀원이 '누구'인지조차 크게 중요하지 않더라는 얘기다.

공부도 마찬가지다. 아이들이 자신의 역량을 십분 발휘하기 위해서는 실패에 대한 두려움이 없어야 한다. 내가 어떠한 결과를 내더라도 나를 사랑하고 믿어주는 가족이 있다는 심리적 안전감은 그저 평범한 아이를 놀라운 능력자로 변신시키는 마법의 지팡이와도 같은 역할을 한다.

악기는 부모가
아이에게
줄 수 있는
최고의 유산

집중력을 기르는 데

악기 연습만 한 훈련이 없다

수영이 그랬듯이 현악기 연주는 내가 아이를 가졌을 때부터 꿈
꿔왔던 로망이었다. 자신 있는 스포츠 한 종목을 마스터하고,
악기를 다룰 수 있는 능력을 키워주는 것은 부모가 아이에게 줄
수 있는 최고의 선물이자 가장 멋진 유산이다. 어른이 되어서도
아이가 즐길 수 있는 스포츠와 음악이 있다면 어떤 일을 하든 멋
지게 살 수 있을 것이라는 게 내 생각이었다. 악기 수업도 그런
이유로 순수하게 시작했다. 그런데 이 또한 계속하다 보니 보이
는 것보다 훨씬 많은 것을 얻을 수 있다는 것을 나중에서야 알게

되었다.

손 운동이 뇌를 키운다는 것은 익히 잘 알려진 사실이다. 그리고 학습의 효율성을 높여주는 집중력을 기르는 데 악기 연습만한 훈련이 없다. 거기에 유려한 음악이 완성되는 성취의 충만한 기쁨까지 더해지니 악기는 신을 대신하여 부모가 아이에게 주는 최고의 선물인 셈이다.

생각해보면 어렸을 때의 성취는 여러 분야에서 로사가 토마보다 우수했다. 로사를 가르치는 선생님들은 대부분 내가 보기에도 최선을 다한다고 할 정도로 열심이었다. 뒤늦게 깨달은 사실이지만 열심히 가르쳐보고 싶도록 선생님을 움직이는 건 학생이다. 반듯하고 적극적인 태도를 보이며 가르치는 이상으로 빠르게 따라오는 학생 앞에서 선생님은 긴장할 수밖에 없다. 그런 점에서 로사는 선생님을 긴장시키는 학생이었다. 반면 토마는 선생님을 움직이는 능력이 늦게 발휘되어 내 속을 좀 태웠다.

선수반을 끝으로 수영을 그만둔 로사는 여유 시간이 생겨 3학년이 끝나갈 무렵 첼로를 시작했다. 6세 때부터 배우던 피아노는 그때 체르니 40번을 치고 있었는데, 두 악기를 같이 배우기는 벅찰 것 같아 그만두었다. 첼로를 시작한 것은 3학년, 그러니까 우리가 아직 경기도에 살고 있을 때였는데 서울에 와서도 계속 배웠다. 새로운 곳으로 이사 와 새로운 선생님을 소개받았는데, 능력이 출중한 분이었다. 당시 첼로 선생님은 두루두루 활동을 많이 하셔서 로사에게도 콩쿠르나 협연 등을 통해 무대에서 연주할 기회를 만들어주셨다.

현악기의 숙련 속도는 피아노보다 단연 빨라서 2년 정도 배우니 콩쿠르에서 상을 받을 만큼 실력이 늘었다. 콩쿠르가 다가오면 선생님은 댁으로 반주자와 아이를 함께 불러 연습을 시켜주곤 했다. 그런 날이면 나는 아이를 데리고 가서 레슨이 끝나도록 기다렸다. 거실에서 기다리는 동안 주변을 둘러보면 선생님의 심플하고도 고아한 성품이 인테리어에서도 느껴졌다.

로사는 콩쿠르 수상자들의 연주회와 6명의 첼리스트가 오케스트라와 협연하는 무대에 첼리스트의 한 사람으로 참여하기도 했다. 비전공자로서는 누리기 쉽지 않은 추억과 경험이었다.

얼마 전 〈영재발굴단〉에서 음악과 수학의 상관관계를 조명했다. 뛰어난 수학자가 동시에 뛰어난 음악가였다는 사실에 주목했기 때문이다. 제작진은 어린 나이에 음악을 시작하면 수학을 잘할 가능성이 높다는 사실을 증명하기 위해 하버드대까지 찾아갔다. 하버드대 수학과 교수 겸 작곡가인 노암 앨키스Noam Elkies 교수는 소리를 관장하는 뇌의 부분이 수학의 뇌와 유사하다는 연구가 있다고 말했다. 아주 어린 나이부터 뇌가 형성될 때 음악과 수학을 쓰는 뇌가 서로 연관을 줄 수 있다는 말이다.

프로그램에서는 어린 수학 영재 또한 수준급의 피아노 실력을 갖추었음을 보여줬는데, 집에는 아이가 받은 피아노 콩쿠르

대회의 상장이 즐비했다. 피아노를 그토록 잘 치는 것도 놀랍지만, 그 많은 경연대회에 출전했다는 사실은 더욱 놀라웠다. 아이의 어머니가 똑똑하게 교육을 시킨다는 생각이 들었다.

운동이나 악기는 배우는 것에 그치지 않고 대회에 나가보는 것은 큰 의미가 있다. 상까지 받으면 금상첨화지만, 준비를 하는 과정에서 대회에 나가지 않는 것과는 비교가 안 되는 양의 연습을 하게 되기 때문이다. 콩쿠르 대회에 출전하기 위해서는 지정곡을 외우고, 좋은 소리를 내기 위해 끊임없이 반복적인 연습이 필요하다.

운동 시합을 준비하기 위해서도 기록을 줄이기 위한 반복적인 훈련에 훈련을 거듭하며, 아이가 이전에 어디에서도 만들어본 적 없는 많은 땀을 내게 된다. 이런 과정을 통해서 아이는 훌쩍 크게 성장한다. 결국 공부도, 예체능도 반복적인 연습이 완벽함을 만드는 것이다. 전공을 하지 않는다 하더라도 운동과 음악을 자신의 한계에 다다를 때까지 훈련해본 경험은 아이의 공부력을 한껏 키워주는 대단히 의미 있는 일이다.

심사위원과 많은 청중 앞에서 자신의 모습을 훌륭하게 가다듬어 보여주는 것은 쉽지 않은 일이다. 아이들이 감당하기에는 버거운 압박이라 긴장과 불안감도 극도로 높아진다. 이런 불안한 감정을 통제하고, 자신의 기량을 십분 발휘할 수 있는 능력 또한 대회나 시합 등의 경험을 통해 키울 수 있다. 무대 체험은 아이들에게 '그릿^{grit}(기개)'를 길러주는 가장 효과적인 방법이다. 공부력을 발휘하기 위해 중요한 요소 중 하나로 꼽히는 '그릿'은 용기, 배짱, 근성, 인내력 등을 다 포함하는 의미로 해석된다.

　로사와 토마는 어린 시절 예체능 교육을 받으면서 무대에 설 기회가 많았다. 박수와 꽃다발을 받고, 친척들이 모이는 신나는 축제와도 같은 이런 추억의 한편에서는 아이가 보낸 눈물겨운 연습과 훈련의 시간이 있었다. 그 시간은 다른 무엇과도 바꿀 수 없는 소중한 경험이 되었는데, 어떤 긴장된 순간에도 꿋꿋하게 자신을 지켜낼 수 있는 '그릿'을 기를 수 있었기 때문이다. 로사가 치른 대입 심층 수학, 과학 구술면접고사와 토마가 대입을 위해 치른 MMI 면접은 아이들의 '그릿'이 가장 환하게 빛을 발했던 순간이었다.

대학 진학과 동시에
내 손을 떠난 아이들

공부로 방향을 잡고 초등학교 졸업과 함께 로사는 첼로 교습을 그만두었다. 로사의 중학교 입학과 동시에 첼로는 케이스에 들어갔고, 5년이 지나서야(로사는 2년 만에 과학고를 조기졸업했다) 다시 빛을 보게 될 때까지 한 번도 케이스 밖을 나오지 못했다.

대학 합격 후 입학도 하기 전부터 동아리는 오케스트라로 정해놓은 로사는 5년 만에 첼로를 다시 꺼냈다. 오케스트라 활동이 좋았는지 세브란스 오케스트라에 열심인 건 물론이고, 어느 날은 의과대학 연합 오케스트라에도 지원했다고 말했다. 전국에서 모인 다양한 의과대학 학생들로 이루어진 오케스트라로, 주말과 방학을 이용해 곡을 연습해 무대에 올렸다. 로사가 들어가고 처음으로 참여한 연주회는 예술의전당에서 있었던 양방언의 공연 무대였다. 그 후로도 로사는 몇 차례 정기 공연에 참여하면서 즐거운 추억을 쌓았다. 고등학교 때까지 철저하게 나의 보호 속에 있었던 아이가 어쩌면 그렇게 빛의 속도로 독립적으로 변화하는지 지켜보는 나도 놀라웠다.

아이들이 고등학교를 다닐 때까지 나는 아이들의 로드 매니저였다. 전업주부다 보니 아이들의 발이 되어 움직였다. 학교나 학원이 끝나는 시간보다 여유 있게 도착해 아이들이 나를 기다린 적은 거의 없었고, 아이가 학원에 늦지 않도록 총알택시처럼 달려가 아슬아슬하게 학원 앞에 슬라이딩 세이프 한 적은 한두 번이 아니었다. 로사는 엄마의 운전 실력을 믿고 일부러 느긋하게 준비하는 것 같기도 했다. 아이들의 5분을 아껴주기 위해 나의 2~3시간쯤은 기꺼이 썼다. 시간의 가치를 따져보자면 아마 그 정도로 값이 쳐지지 않을까도 생각한다.

입시가 가까이 다가올 때면 나의 동선은 집, 아이를 데리러 가는 차 안, 성당 정도로 제한되어 있었다. 그렇게 중고등학교 시절을 보낸 아이들이었지만, 대학 입학과 동시에 정확히 내 손을 떠났다. 나도 언제 그랬나 싶게 아이들의 일에는 더 이상 관여하지 않는다.

보통 대학생들은 선배나 동기들 간에 갖가지 정보를 공유한다고 한다. 대학이나 학과에서도 학생에게 많은 정보를 제공하려고 노력한다. 자신의 의지에 따라 다양한 체험과 경험을 쌓을 수 있는 기회가 준비되어 있는 곳이 또한 대학이다. 간혹 아직도 학생의 매니저를 자처하며 대학까지 쫓아다니는 엄마들이 있다고 해서 놀랐다. 아이의 인생을 제대로 망치고 싶지 않다면 당장 빨리 손을 뗄 일이다.

음악은 국제 통용의
고급 언어

로사는 예과 1학년을 마치고 2학년 1학기를 뉴욕 주립대에 교환학생으로 가게 되었다. 이 또한 고등학교 선배한테 물어보며 대학 선택에서부터 필요한 서류 준비, 기숙사를 고르는 일까지 로사가 알아보고 준비했다. 같이 손잡고 여행은 다녔지만, 아이 혼자 외국을 보내본 적이 없어서 내가 더 긴장이 되었다.

5개월 정도 체류해야 해서 이불까지 싸 가야 하는 형편이었다. 그런데 이상하게 로사의 여행가방이 마음에 안 드는가 싶더니 뭘 챙겨줘야 할지도 잘 안 떠오르고, 출발하기 전에 좀 어수선하다 싶었는데 급기야 사고가 터졌다. 미국 입국에 꼭 필요한 서류를 공항에 안 가지고 간 것이다. 이미 시간이 촉박해 집에 다녀올 수도, 누가 가져다줄 수도 없었다. 할 수 없이 같이 가기로 한 일행을 먼저 보내고 다음 날 출발하는 비행기 표를 끊고 다시 집으로 돌아왔다.

결국 로사는 나 홀로 미국에 가야 했다. 하지만 나는 왠지 그제야 허둥대던 마음이 안정이 되었고, 준비도 질서 있게 할 수 있었다. 그전에는 커다란 이민 가방에 이것저것을 몽땅 집어넣어서 혼자 들기에도 벅찬 크기와 무게가 되어버렸는데, 가방 2개에 나눠 싸니 한결 간편하고 무게도 적당해졌다. 마음이 조급하면 이런 간단한 요령도 망각하게 되는구나 하고 생각했다.

다음 날 공항에서 로사와 헤어지고 미국에 도착해 무사히 학교 기숙사에 들어갈 때까지 문자를 계속하며 아이의 안전을 확인했다. 학교에서 픽업 버스가 나왔는데, 로사가 탄 버스가 마지막 차였다는 말에 가슴을 쓸어내리기도 했다.

그렇게 시작된 교환학생 생활은 로사에게 매우 즐거운 추억이 되었다. 성적도 잘 받았고, 특히 고등학교 때 주력했던 화학 성적은 탑이었다고 했다. 화학 올림피아드의 여운이 아직 가시지 않은 때였다. 기분이 좋았다.

나를 더 행복하게 했던 건 미국 대학에서도 로사가 오케스트라 활동을 했다는 사실이었다. 악기는 가져가지 않았기에 그곳에서 대여해 사용했다. 로사에게는 두 분의 자원봉사자가 배정되어 미국 현지생활에 많은 도움을 주었다. 그중 한 분이 뉴욕 메트로폴리탄 오페라단에서 가수 활동을 한 경력이 있는 멋쟁이 할머니였는데, 가족 모임에도 로사를 초대해주셨다. 체류하는 5개월여 동안 그분은 무료로 로사의 첼로 레슨을 자처하셨고, 교회에서 공연하는 것도 주선해주셨다. 짧은 기간 동안 로사가 미국 사회의 일원으로 그 역할을 톡톡히 하고 온 것 같아 뿌듯했다.

해외여행을 할 때는 어렴풋이 느껴지고, 로사가 교환학생으로 갔을 때 특히 확신을 갖게 된 것이 있다. 언어가 다소 매끄럽지 못할지라도 풍부한 전문지식과 악기나 스포츠 등 언어 이외의 의사소통 기술을 갖추는 것이야말로 현지 적응의 열쇠라는 생각이다.

로사는 7번의 세브란스 오케스트라 정기 공연에 참여하는 것 외에도 가끔씩 교수님 퇴임식 등의 행사에서 현악 4중주를 하기도 했다. 정기연주회 때는 백발이 성성한 선배들도 몇 분씩 참여하신다. 그 모습을 보며 음악이 주는 인생의 풍요로움을 느낀다.

세브란스 오케스트라와
서울대 의대 음악반 정기연주회

토마는 초등학교를 졸업할 때까지 비올라를 배웠다. 나는 내심 아이들이 커서 오케스트라의 일원이 되기를 바랐다. 오케스트라에 입단하기에는 바이올린보다는 비올라가 유리할 것 같아 토마에게 비올라를 시켰다. 그런 내 바람이 이루어져 아이들은 둘 다 학교 오케스트라에서 활동 중이다.

토마가 서울대 의대 음악반에 들어갔을 때, 10년 만에 비올라 경력자가 들어왔다며 선배들이 크게 반겨주었다고 한다. 비올라를 한다면 꼭 받는 질문인데 선배들도 예외 없이 물었단다. 왜 어렸을 때 비올라를 했었냐고. 그래서 엄마의 생각과 권유를 말했더니 "어머니가 선견지명이 있으셨다"라고 했다며 전하길래 기분이 좋았다.

토마는 서울로 이사 온 후 초등학교 4학년 때 사설 유소년 오케스트라에 들어갔다. 비올라 연주자가 토마밖에 없어서 오케스트라 활동 내내 비올라 이름을 못 갖고 3rd 바이올린 파트에서 연주했다. 토마는 초등학교의 교내 오케스트라 활동도 했다. 아이가 오케스트라 활동을 하는 이유가 봉사 활동 시간을 얻기 위함이거나 사회성을 기르는 목적일 수도 있다. 하지만 오케스트라 활동이 주는 가장 좋은 점은 대회에 나가는 수준에 견줄 정도로 많은 양의 반복적인 연습을 하게 된다는 것이다. 따라서 개인 연습을 많이 하면 할수록 오케스트라에 도움을 주고, 아이 스스로도 기쁜 성취감을 갖게 되는 것은 물론 공부력까지 힘껏 키울 수 있게 된다.

정기 공연을 앞두고 연습 겸 단원들이 스키 캠프에 간 적이 있었다. 그런데 때마침 토마가 아팠다. 그렇게 심각하다고 생각을 안 했는지 별다른 처치도 없이 아이가 견디다가 왔다는 사실을 알고 참 속이 상했었다. 그런 기억들 때문에 토마가 비올라를 싫어하면 어쩌나 했는데, 웬걸 서울대 의대 음악반에 들어간 후 비올라의 매력에 빠져버린 아들은 아르바이트해서 번 돈을 비올라 레슨비로 기꺼이 써가며 실력을 연마하고 있다.

매년 두 차례씩 학기가 시작되는 이른 봄과 초가을 무렵이면 세브란스 오케스트라와 서울대 의대 음악반 정기연주회가 열린다. 세브란스 오케스트라와 서울대 의대 음악반 정기연주회는 우리 가족의 행복한 연례행사다. 우리 부부는 최고의 의대 오케스트라 두 곳으로부터 연주회 초대장을 받는 영광과 기쁨을 누리고 있다.

공연에 갈 때마다 느끼지만, 이 선율이 과연 의과대학 학생들이 그 힘든 의학 공부를 하면서 만들어낸 소리가 맞나 믿어지지 않을 정도로 수준급의 연주를 들려준다. 여름방학과 겨울방학은 꼬박 정기연주회 연습으로 보내면서 음악적 깊이도 더해가고,

내 바람대로 로사와 토마는 의대에 진학한 후에도 오케스트라에
입단해 꾸준히 음악을 즐기고 있다.

과에 대한 소속감과 애착도 쌓아간다. 요즘 음대를 갔는지 의대
를 갔는지 모르게 시간만 나면 악기 연습에 몰두하는 토마의 모
습을 보면서 내가 아이들 키우며 가장 잘한 일은 저거다 싶다.

예체능이나
시킬까 하는 위험한 생각

대치동에 처음 온 게 로사가 5학년 때였으니 그때 대치동에서는
이미 엄청난 속도로 선행을 하며 학습에 열을 올리는 아이들이

많았다. 아이들과 비교해보니 로사의 공부가 너무 늦은 게 아닌 가 하고 불안했다. 대치동의 선두 그룹에 비해 로사는 딱 1년이 늦어 보였다. 이렇게 1년이 뒤처지다 나중엔 몇 년씩 뒤처지면 서 영원히 그 간격이 좁혀지지 않는 건 아닌지 걱정이 됐다.

불안한 마음에 첼로나 미술 등 예체능 쪽으로 전공을 시켜볼 까 하는 마음도 들었다. 첼로가 진도가 빠르고 곧잘 하니까 혹시 전공을 하면 어떨까 고민하며 조심스레 선생님께 물어보았다. 선생님은 ㅅ예중은 충분히 갈 수 있다고 하셨다. 그렇게 혼자 불 안해하다가 아이가 차츰 공부에 탄력이 붙고, 6학년 때 강남교 육청 중등 영재원 시험에 합격하면서 나는 다시 마음을 돌렸다. 그리고 언제 그랬냐는 듯 음악 전공에 대해서는 아예 머릿속에 서 지워버렸다.

얼마 전 서로 대치동에 사는 줄도 모르고 있다가 만나게 된 고 향 친구가 있다. 오랜만에 친구와 만나 이야기를 하다 보니 놀라 운 사실을 알게 되었다. 친구는 큰아이가 우리 아이와 비슷한 시 기에 대치동에 왔다고 했다. 그런데 어쩌면 나랑 똑같은 생각을 하다가 이리저리 알아볼 새도 없이 급기야 딸아이에게 음악을 시켰다고 하는 것이다. 예고를 나온 딸은 지금 미국에서 유학 중 이라고 했다. 친구는 나중에 알고 보니 아이가 공부를 못하는 게 아니었다면서 음악 시킨 것을 조금은 후회하는 눈치였다.

들어보니 친구 딸은 음악적인 재능도 뛰어난 아이였다. 친구도 나와 같은 생각을 했었다는 게 놀라웠다. 대치동에 오면 한 번씩 앓게 되는 엄마들의 열병이었나 보다. 그때 내가 조급한 마음에 아이에게 음악이나 미술을 시켰다면 어땠을까? 공부 재능은 꽃피워 보지도 못하고 부족한 예술적 재능으로 괴로워하고 있지는 않았을까? 혹 음악이나 미술 공부를 뒷바라지하느라 경제적인 고충을 겪지는 않았을까? 온갖 생각들이 스쳐 지나갔다.

실제로 고등학생 때 뒤늦게 예체능으로 진로를 돌려 대입을 준비하는 학생들이 꽤 있다. 뒤늦게 적성을 찾아 몰입하는 경우도 있지만, 좀 더 좋은 대학교를 가기 위한 입시 준비용인 경우도 많다. 이런 학생들은 대입까지는 어찌어찌 성공한다 해도 예체능 분야의 특성상 학년이 올라갈수록 부족한 재능으로 힘들어한다고 한다.

아이들이 악기를 배우다 보니 주변에 음악을 하는 분들을 많이 알게 되었다. 대부분 실력도 뛰어나고, 정말 음악을 하기 위해 타고났다 싶을 정도로 음악적 재능이 비범한 이들도 있다. 타고난 능력이 뛰어난 그런 사람들과의 경쟁도 만만치 않은데, 스펙을 쌓기 위한 비용도 보통의 가정에서는 부담하기 어려운 정도다. 부모가 그 분야를 잘 알고 있어서 바른 길을 안내할 수 있다면 모르겠지만, 섣불리 뛰어들었다가는 아이도 가족도 힘들어지는 것은 아닐까 한다. 아이의 진로를 결정할 때는 부모가 장기적인 안목을 갖고 신중을 기해야 할 것이다.

엘 시스테마 오케스트라와 같은 기적이
우리 사회에도 일어나기를

악기는 축복이다. 어떤 일을 해볼까 고민 중인 독지가篤志家가 계시다면 청소년 오케스트라 운영을 부탁드리고 싶다. 학교폭력, 가정폭력, 기타 사회문제를 가장 효과적이고 가장 아름답게 해결할 수 있는 열쇠가 그 안에 있다.

교육부의 학교 예술교육 강화 지원계획으로 2016년부터 초, 중학교 1,000곳에 바이올린 1만5,000대가 지원된다는 소식이 반갑다. 교육부에 나와 같은 생각을 가진 분이 계신가 보다. 1만 5,000명의 학생이 부디 악기로 인해 좀 더 행복하고 여유 있는 삶을 누릴 수 있기를 기대한다. 악기를 무상으로 받는 것은 아닐지라도 거의 모든 초, 중, 고교에는 학교 방과후 수업을 이용해 악기를 배울 수 있는 기회가 있으니 시작해봐도 좋겠다.

특정 계층의 전유물로 생각되었던 음악 교육이 최근에 변화된 양상을 보이고 있다. 기존의 세계적인 연주자의 면면을 살펴보면 부모가 음악가였다든지 하는 음악적 환경에서 배출되는 경우가 많았다. 그런데 요즘 세상을 깜짝 놀라게 하는 젊은 연주자들은 부모나 주변의 뒷받침 없이 오로지 자신들의 역량과 노력으로 우뚝 서는 경우가 점점 늘어나고 있다. 최근에 쇼팽 콩쿠르에서 우승한 조성진 피아니스트나 부조니 국제 콩쿠르에서 동양인

최초로 1위를 석권한 문지영 피아니스트가 대표주자들이다.

전문가들은 그 이유를 동영상에서 찾고 있다. 요즘은 같은 곡도 수십 명이 다르게 연주하는 모습을 동영상으로 쉽게 찾아볼 수가 있다. 작은 기회를 거대한 성과로 키워가는 젊은이들의 저력에 감탄이 절로 나온다.

음악과 악기 연주가 가져다주는 행복한 성취와 충만한 기쁨을 많은 아이들이 누릴 수 있으면 좋겠다. 베네수엘라의 엘 시스테마 오케스트라*와 같은 기적이 우리 사회에도 일어나기를 간절히 바라본다.

---

* 엘 시스테마(El Sistema)의 정식 명칭은 '베네수엘라 국립 청년 및 유소년 오케스트라 시스템 육성재단'으로, 국가의 지원을 받는 베네수엘라 음악교육 재단이다. 원래 '엘 시스테마'의 목적은 마약과 폭력, 포르노, 총기 사고 등 각종 위험에 노출되어 있는 베네수엘라 빈민가 아이들을 보호하기 위해 음악을 이용하는 것이었다. 이러한 목적으로 1975년 베네수엘라의 경제학자이자 아마추어 음악가인 호세 안토니오 아브레우(José Antonio Abreu) 박사가 빈민가의 차고에서 11명의 빈민층 아이들로 소규모 오케스트라를 만들었는데, 지금은 26만 명이 가입한 조직으로 성장하며 세계가 모델로 삼는 성공적인 시스템이 되었다. 뿐만 아니라 LA필하모닉의 상임지휘자 구스타보 두다멜 등을 배출하기도 했다.

여행은
목마른 아이에게
건네는
시원한 물 한잔

전략적으로라도 적당한 휴식과
이완이 필요한 순간이 있다

대치동의 변하지 않는 풍경 중의 하나가 학원에 데려다주고 데리고 오는 엄마와 아이의 모습이다. 담담하게 오고 가는 모습이 대부분이지만, 엄마와 아이의 모습에서 극심한 피로가 느껴질 때도 있다. 그런 모습을 보면 그냥 앉아 있기에도 지쳤을 그 아이에게 무슨 공부가 머리에 들어갔을까 싶다.

이제는 추억이 되어버린 그때, 학교와 학원을 부지런히 오가던 나와 아이들의 모습을 회상해보았다. 로사와 토마 모두 학습량이 엄청났으니 시간은 곧 금이었다. 이동 거리가 길 때는 차 안에서 잠깐 눈을 붙이기도 하고, 5분 안에 뚝딱 밥을 먹기도 했다. 그런데 나는 한 번도 아이들이 피곤에 지쳐 있는 모습을 보지 못했다. 차를 향해 걸어오는 모습도, 차에서 내려 집으로 들어가는 순간에도 대부분 담담하고 반듯했던 모습으로 기억한다.

언젠가 학원 설명회에서 경력이 많은 선생님이 "최상위권 학생들은 아프지도 않는다"라고 말씀하신 적이 있다. 의미심장한 말이다. 정신이 맑게 깨어 있으면 신체도 건강하다. 로사와 토마가 공부하면서 크게 아픈 적 없었던 것은 참으로 감사한 일이었다.

규칙적인 생활 습관은 건강을 유지하는 가장 좋은 방법이다. 비록 로사가 선수생활을 포함해 7년간 수영을 했지만, 어렸을 때의 운동 체력이 고등학생이 되어서까지 유지되는 것은 아니다. 운동이란 것이 하루이틀만 안 해도 페이스가 금방 흐트러지기 때문이다. 생활 태도가 바른 최상위권 학생들은 생활도 규칙적으로 할 가능성이 많다. 공부 잘하는 학생들이 표정도 밝고, 좀처럼 아프지 않은 것은 이런 규칙적이고 단정한 생활 습관에서 그 이유를 찾을 수 있다.

하지만 전략적으로라도 적당한 휴식과 이완이 필요한 순간이 있다. 로사는 과학고에 들어가서 너무나 잘해주었다. 입학 전 배치고사에서 여학생 중 1등 성적을 내더니 1학년 첫 중간고사부터 전교 1등으로 기선을 제압했다. 그 뒤로 전교 2등은 매번 바꿨었지만 로사는 언제나 부동의 전교 1등이었다.

언젠가 로사의 지난 고등학교 시절을 함께 회상하다가 그때는 어떻게 그리 잘했냐고 물었다. 로사는 별 망설임도 없이 가족과 함께 다녀온 여행 덕분이었던 것 같다고 답했다. 로사가 과학고에 합격하고 그해 겨울 우리 가족은 3박 4일 여행을 다녀왔다. 내게는 그다지 기억에 남는 여행도 아니었는데, 아이에게는 가족과 함께하는 여행이 휴식과 충전의 시간이 되었던가 보다. 불과 4일간의 길지 않은 여행이었지만, 로사는 그때 여행을 통해 그 뒤로 계속된 강행군을 견딜 수 있는 힘을 얻었다고 했다.

간혹 공부를 잘하던 아이가 슬럼프에 빠진 후로 성적이 오르지 않아 고통스러워하는 경우가 있다. 로사의 경우는 정확히 1년 8개월 만에 대학 입시를 끝냈으니 사실 슬럼프를 겪을 시간도 없었다. 심층 수학이 너무 어렵다고 차 안에서 우는 아이를 달랬던 일 이외에는 시종일관 같은 페이스로 쭉 달렸다.

그런데 아들인 토마는 고등학교 2학년 2학기에 슬럼프가 찾아왔다. 축제 준비로 거의 초죽음이 되었을 때였다. 동아리 회장의 책임감으로 이것저것 신경 쓸 일도, 해야 할 일도 너무 많았다. 다행히 축제는 최우수 동아리 상을 타면서 성공적으로 마쳤지만, 곧바로 닥친 중간고사 준비에 영 능률이 나지가 않았다. 이런 상태가 고3까지 이어질까 조바심이 나고 걱정이 되었다.

그러다 때마침 10월 연휴 기간이 다가왔고, 우리 가족은 중간고사가 끝나자마자 3박 4일간 여행을 떠났다. 주말도 휴일도 없이 공부에 강행군을 하는 고등학교 시기에 며칠씩이나 여행을 가는 것은 큰 손실이라고 생각하는 부모들이 많을 것이다. 아무런 갈등도 없이 선뜻 결정한 일은 아니었지만, 아이에겐 무엇보다 절실하게 필요한 일이라 생각되었다. 그렇게 우리 가족의 여행은 아이가 고3을 코앞에 둔 시점에도 계속되었다. 다행히도 내가 계획한 전략적 여행이 주효했는지 그 뒤로 입시를 마치기까지 토마에게 슬럼프는 다시 오지 않았다.

철학자이자 문화학자인 한병철 교수는 베스트셀러가 된 그의 저서 《피로사회》에서 '피로는 폭력'이라고 했다. 때로는 '쉼'으로부터 엄청난 힘이 솟아난다.

스스로 공부의 의미를 찾아
매진할 수 있는 힘

로사가 태어난 지 6주 만에 7시간을 달려 도착한 백암온천을 시작으로 우리 가족의 여행 편력은 오래도록 계속되었다. 보통은 부모들이 좋아하는 것을 아이들도 따라 하기 마련인데, 일단 나는 여행으로 스트레스를 푸는 스타일이고 남편도 휴일에 소파에 누워 TV만 보는 아빠 타입은 전혀 아니다. 그러다 보니 틈만

나면 우리는 어디든 아이들을 데리고 다녔다. 경기도에 살았을 때는 아무 고민도, 망설임도 없이 시간만 나면 아이들과 돌아다녔다.

예전에는 공휴일과 명절에는 학원도 당연히 쉬었다. 그런데 언젠가부터 학원이 휴일은 물론 명절에도 특강이라는 이름을 붙여 수업을 한다. 24시간 편의점, 24시간 영업 찜질방, 식당, 연중무휴 학원…. 최근 분노를 조절하지 못하고 포악해지는 사람들이 점점 많아지는 것이 어쩌면 밤이 사라진 것 때문은 아닐까 생각해본다. 밤에는 자고, 낮에는 일하고, 휴일에는 쉬는, 이 간단한 바이오리듬이 왜 자꾸 파괴되는지 안타깝다.

어쨌든 휴일에 집에서 빈둥거리는 건 우리 가족에게 좀처럼 있기 어려운 일이었다. 가까운 놀이공원에 연회원권을 끊어 정말 갈 데가 없을 땐 놀이공원이라도 갔다. 한번 가면 반드시 야간 레이저쇼를 봐야 했기에 지치도록 놀고 오는 것은 기본이었다.

여름에는 물에서 살았다. 수영을 같이 배우던 친구 아버님이 관련 직장에 다니셔서 무료입장권을 10장씩 가져다주는 덕분에 어느 해에는 여름 동안 애 둘을 데리고 유명 물놀이 공원에 8번이나 간 적도 있었다. 토마는 비쩍 마른 몸이라 저렇게 놀다가 쓰러지진 않을까 걱정될 정도였지만 노는 데는 지칠 줄을 몰랐다.

아이들의 할아버지께서 과수원을 하시니 따로 농촌 체험을 할 필요도 없었다. 배꽃이 흐드러지는 봄, 햇볕이 제법 따가워지는 할머니 생신 무렵의 여름, 사과, 배, 감, 대추, 은행이 주렁주렁 매달리는 가을, 눈이 유난히 많은 아빠 고향의 겨울은 아이들이 기억하는 사계절의 모습이다.

간혹 어린 아이들이 여행하는 것을 낭비라고 생각하는 분들이 있다. 너무 어려서 기억을 못 할 것으로 짐작하기 때문이다. 여행을 하면서는 모든 게 추억이다. 멋진 풍경, 맛있는 음식, 마주친 사람들, 사진에 담을 수 있는 추억도 있고, 사진으로는 담을 수 없는 추억도 있다. 기억에 저장된 추억도 있고, 기억을 못 하는 여행도 있다. 그러나 그게 무엇이든 우리의 의식과 무의식 어딘가에는 여행의 기록이 담겨 있다. 그러니 아이가 아무리 어리다 한들 여행을 마다할 이유가 없다.

실컷 돌아다니며 놀았기에 대치동으로 이사할 때는 아이들이 적응하기 어려워하면 어쩌나 걱정도 좀 되었다. 하지만 이런 나의 걱정은 기우였다. 아이들은 낯선 환경에서도 비교적 쉽게 적응했다. 여행이 아이들에게 어떤 영향을 끼쳤는지 딱 꼬집어 말하기는 어렵다. 여행은 창의력을 키운다고 하는데 눈에 보이지 않는 창의력이 어떻게 키워졌는지도 알 수 없다. 하지만 단언할 수 있는 것은 엄청난 학습량을 소화하고 공부의 의미를 스스로 찾아 매진할 수 있는 힘은 분명 '여행'을 통해 키웠다는 사실이다.

한때 《기적의 계산법》이란 책이 베스트셀러가 된 적이 있었다. 일본의 시골에 있던 야마구치 초등학교에는 학생들이 가로 세로 10칸에 숫자를 써놓고 100칸 계산을 반복적으로 연습했더니 학습 효율이 높아져 많은 학생들이 동경 대학을 비롯해 유명 대학에 합격하는 놀라운 성과를 보였다고 한다. 이 책의 저자인 가게야마 히데오는 100칸 계산법을 만든 이로, 야마구치 초등학교의 선생님이었다.

가게야마 선생님은 학부모들에게 항상 당부하는 말씀이 있었는데 꽤나 인상적이었다. 첫째는 반찬 한두 가지에 국 한 그릇이라도 아침을 꼭 먹여 보내라는 것이고, 둘째는 가족끼리 가까운 곳이라도 자주 놀러 다니라는 말이었다. 학습이 부진한 아이들의 공통점을 살펴보니 하나같이 가족과 한 번이라도 놀러가 본 적이 없는 아이들이었다고 한다. 참으로 핵심을 찌르는 말이었다.

우물에서 물을 얻기 위해서는 펌프질을 하기 전에 반드시 해줘야 할 일이 있다. '마중물'이라 해서 우물물을 끌어올리기 위해 물 한 바가지를 붓는 일이다. 내가 생각하기에 여행은 이런 마중물과 같은 것이다. 혹시 마중물도 붓지 않은 채 들입다 펌프질만 하고 있지는 않은지 돌아볼 일이다.

목마른 아이에게 빵을 줄 것인가,
시원한 물을 줄 것인가

아이에게 영어를 가르치려고 해외에 1~2년 체류한 경험이 있는 분들이 많을 것이다. 온 가족이 다 함께 가는 경우는 드물고, 엄마와 아이들만 가든가 아니면 아이만 가는 경우도 많다. 그렇게 외국에서 초등학교나 중학교를 다니고 돌아온 아이들의 입시 성과가 대치동에서는 몇 년 전부터 나오고 있다.

결론부터 말하자면 대치동에서 그 유행은 막을 내렸다. 어느 곳보다 교육의 움직임이 빠른 곳이 대치동이다. 우리가 이곳에서 생활하기 시작한 2005년에만 해도 주변에 영어를 배우겠다고 외국 한번 나갔다 오지 않은 아이들을 찾아보기 어려울 정도였다. 그런 아이들도 한국에 돌아오면 다시 영어 학원을 다녔다. 영어 공부를 위해 외국을 다녀왔는데도 가장 높은 레벨이 나오는 경우도 드물었다. 고등학교에서는 내신을 위한 학원을 또 다녔다. 외국에서 영어를 배운 학생은 오히려 문법이 취약해서 내신 점수를 받기가 더 어려웠던 것이다. 한마디로 '외국 나가서 영어 배워 오는 것이 대학 가는 데 도움 안 되더라'는 게 대치동의 결론이다. 더군다나 1, 2년 정도의 체류 기간은 돌아오기가 무섭게 영어 수준을 다시 원점으로 돌려놓는 영어 학습만으로도 의미 없는 시간이다.

나는 그 체류 비용을 가족 여행에 쓴다면 그 효과가 어떨지 궁금하다. 각 가정마다 지출 비용이 달랐을 테니 각자의 계산에 맡기겠지만, 대충만 잡아도 온 가족이 몇 차례는 세계 어디든 갈 수 있는 비용이 뚝딱 나올 것이다. 그 여행을 통해 아이가 넓히게 될 어마어마한 견문을 따져본다면, 테이프나 CD를 들으며 학습지만으로도 해결되는 정도의 영어 실력을 위해 아빠를 돈 버는 기러기로 만들 이유를 찾지 못할 것이다.

단체 여행을 가보면 동창끼리 학부형들끼리 혹은 친척 자매들끼리 여자들만 삼삼오오 다니는 모습을 자주 볼 수 있다. 남편은 돈을 버느라, 아이들은 학교 때문에 혹은 학원 가느라 떼놓고 오는 경우가 많다. 외국 사람들의 시각에서는 도무지 이해되지 않는 풍경이라고 한다. 아빠는 직장 때문에 어쩔 수 없다 하더라도 아이들은 꼭 데리고 다니길 바란다. 여행은 아이가 도약할 수 있는 발판을 만들어준다. 목마른 아이에게 계속 빵을 줄 것인가, 시원한 물을 줄 것인가.

책을 좋아하는
아이는
뒷심을
발휘한다

초등 4학년까지
책 읽어주기는 계속되었다

수영장을 다니고, 악기를 배우고, 틈만 나면 지치도록 놀러 다니는 중에도 내가 매일 빼놓지 않고 해왔던 일이 있었다. 아이들에게 소리 내어 책을 읽어주는 일이었다.

아이들이 책을 가져와 "읽어주세요~" 하면 나는 하던 일을 멈추고 읽어줬다. 아이들은 매일 엄마의 책 읽어주는 소리를 자장가 삼아 잠자리에 들었다. 책을 읽어주며 잠든 모습을 확인하고 그 후로도 5분 이상은 더 읽었다. 아직 깊은 잠에 들지 않은 아이가 꿈결처럼 들을 수도 있고, 엄마가 절대 책 읽어주는 일을

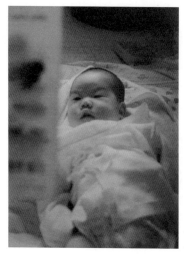

내 이야기를 전부 알아듣기라도 하는 것처럼 로사는
갓난아이일 때부터 책을 읽어주면 초롱초롱한 모습
으로 쳐다보았다.

귀찮아하지 않는다는 표현이기도 했다.

　로사가 갓난아기였을 때 내가 읽어주는 그림책을 뚫어지게
쳐다보던 초롱초롱한 모습은 지금도 내 눈앞에 있는 듯 생생하
다. 두세 살 때까지는 아이들이 보통은 책을 반복적으로 읽어주
길 바라기 때문에 우리 집에는 책이 10권도 채 되지 않았다. 그
러다 보니 나중엔 내가 내용을 전부 외울 지경이 되어 로사가 그
림을 잘 볼 수 있도록 가까이 대주고 책 뒤편에서 아기의 얼굴을
보면서 읽어줬다.

　아직 기어 다니지도 못하는 아기에게, 혹은 태교를 한다고 아
이가 태어나기도 전에 책을 전질로 들여놓는 부모들이 있다. 그

러나 많은 종류의 책을 읽는 데 집착하지 않아도 된다. 중요한 건 엄마든 아빠든 아이에 대한 사랑을 듬뿍 담아 책을 읽어주는 소리와 느낌이지 다양한 스토리가 아니다. 아기가 유난히 좋아하는 책이 있다면 그 책을 반복적으로 읽어주면 된다.

같은 책이라도 더 많이 읽어주면 그걸로 족하다. 오히려 그 편이 지능 발달에 더 도움이 될 것으로 생각한다. 이 또래 아이들은 같은 책을 반복해서 읽으며 같은 단어를 지속적으로 접하면서 그 단어를 어떻게 활용하는지를 익히는 과정이 필요한데, 반복 읽기가 방법이다. 자기가 좋아하는 책을 읽어줄 때 아기는 책 읽기를 놀이처럼 받아들일 수 있으니 이 시기에는 '전집'보다는 '단행본'을 추천한다.

비단 유아기 때뿐만이 아니라 나는 독서에 있어서는 '다독多讀'이 정답이 아니라는 느낌을 지울 수 없었다. 독서의 대가인 벤저민 프랭클린은 "많이 읽어라. 그러나 많은 책을 읽지는 말라"고 했다. 나는 이 말을 독서에 관한 명언 중의 명언으로 생각한다. 요즘은 자녀교육의 시기가 점점 빨라지면서 젊은 엄마들 가운데는 여느 입시생 못지않은 교육열을 불태우는 분들이 있다. 너무 이른 시기에, 너무 많은 양에 집착하는 모습은 바람직하지 않다. 수천 권의 교육서를 읽기보다는 엄선된 100권을 10번 읽는 방법을 권하고 싶다. 교육서는 읽고 내 것으로 만드는 것이 중요하다.

소리 내어 책 읽어주기는 로사가 초등학교 4학년, 그러니까 11세가 되도록 계속되었다. 여행지에서도 책은 꼭 챙겨가서 빠뜨리지 않고 읽어줬다. 색다른 환경에서 읽어주던 책 읽는 소리는 더욱 인상적이었는지 언니, 조카들과 함께 간 여행 때 아이들을 다 모아놓고 읽어준 《시튼 동물기》를 조카들은 아직도 기억한다. 그 덕분에 지금도 나는 틀리지 않고 소리 내어 책 읽는 데 자신이 있다.

예전에 아이 셋을 훌륭하게 키운 장병혜 박사의 책에는 아이들이 서로 책을 읽어달라고 해서 세 아이 방에서 정확히 같은 거리의 지점에 의자를 놓고 소리 내어 책을 읽어주었다는 내용이 있었다. 나도 아이들을 같은 시간에 재울 때면 아이들 방 밖 중간 지점에 의자를 놓고 책을 읽어주기도 했다.

1979년에 출간되어 지금까지 스테디셀러로 사랑받는 《하루 15분 책 읽어주기의 힘》의 저자인 짐 트렐리즈는 아이가 뱃속에 있을 때부터 14세가 될 때까지 꾸준히 책을 읽어주라고 말한다. 14세 이전까지는 아이의 듣기 수준과 읽기 수준에 현격한 차이가 나서 아이가 혼자 읽을 때는 이해하기 어려운 이야기도 들려줄 때는 이해할 수 있다는 게 그의 설명이다.

내가 짐 트렐리즈의 이론을 알고 실천한 것은 아니었다. 육아가 그렇듯 아이를 키우다 보면 교육에 있어서도 이론을 알지 못해도 실전을 통해 엄마들에게 체득되는 것들이 있다. 내가 깨달고 실천한 일이 이론적으로도 뒷받침되는 경우는 반가운 일이다. 그러나 내가 미리 교육 이론을 알고 그걸 적용해보는 과정으로 했더라면 그토록 자연스럽게 하지 못했을 일들이다. 아이들이 다 크도록 소리 내어 책 읽어주기, 악기와 운동을 수준급으로 하기, 틈만 나면 떠난 여행 등 재미있고 즐거워서 해온 일들이 아이들의 공부 능력을 키웠다. 우연히 운이 좋았다기보다는 아이에 대한 관심과 사랑, 책임과 의무를 느끼다 보면 어느 부모라도 아이에게 필요한 최선의 길이 보이게 될 것이다.

아이들이 스스로 책을 읽을 수 있는 나이가 지났음에도 책 읽어주기가 계속되었던 이유는 아이들이 엄마가 책 읽어주는 것을 좋아했기 때문이다. 오래 읽다 보면 목도 아프고, 아이들이 빨리 잠들었으면 하고 바랄 때도 있었다. 하지만 나도 책 내용에 빠져 재미있게 읽은 적이 많았다. 최근에는 부모가 책을 읽어주면 아이들이 똑똑해진다는 연구 결과가 발표되자 너도나도 경쟁하듯 아이들에게 책을 읽어주는 모습이다. 특히 아빠가 읽어주면 두뇌 발달에 더 도움이 된다고 해서 퇴근 후 기꺼이 책 읽는 수고를 하는 아빠들도 있다.

공자는 "아는 노릇은 좋아하는 노릇만 못하고, 좋아하는 노릇은 즐기는 노릇만 못하다"라고 했다. 재미있어서 하는 사람을 이기기는 어렵다. 바깥일로 지쳐 있는 아빠들에게 책 읽기를 강요하지는 말자. 아빠의 피곤이 아이에게 전달될 게 분명한데,

아빠를 걱정하는 마음에 오히려 아이의 머리가 혼란스러워질 것이다. 책 읽어주기든, 놀아주기든 아이도 부모도 그것이 즐거워야 한다.

신문을 읽는 학생
vs 신문을 읽지 않는 학생

똑같이 책을 읽어주었어도 딸과 아들의 독서 스타일은 전혀 달랐다. 토마는 인쇄된 것은 글자든 만화든 무엇이든 가리지 않고 읽어대는 책벌레였다. 그에 반해 로사는 신문과 과학 잡지 등 시사성 있는 글을 즐겨 보는 편이었다.

로사는 대학에 들어가서 독서의 즐거움을 알게 되었다. 의과대학은 학생들에게 상대적으로 부족한 인문학적 소양을 키워주기 위해 다양한 프로그램을 준비한다. 한층 여유로운 예과 시절, 로사는 교수님도 함께 참여하는 북클럽에서 인문학 서적 등을 읽으며 그동안 수리과학 쪽으로 치우쳐 있던 사고의 폭을 넓혀갔다.

토마가 어렸을 때 아이의 손에는 늘 책이 들려 있었다. 집 안에는 토마의 동선에 따라 책들이 따라다녔다. 어디서든 책을 읽다가 친구가 와서 놀다가 나가기라도 하면 침대든, 소파든, 식탁이든 머물렀던 장소에는 토마가 읽던 책들이 그대로 놓여 있었다. 온갖 학습 만화책은 구입한 지 얼마 지나지 않아 너덜너덜해지기 일쑤였고, 아이는 판타지, 문학, 과학, 역사, 공상과학소설, 잡지를 가리지 않고 읽어댔다. 초등학교 3학년 때는 《해리포터》를 5시간 동안 꼼짝 않고 읽어서 놀란 적이 있었다. 토마는 좋아하는 책이라면 몇 번이라도 반복해서 읽었다.

책을 꽤 많이 본 토마가 중학교 때까지도 학습에서 이렇다 할 성과를 보이지 않는 게 좀 의아했다. 하지만 뒤늦게 공부에 뒷심을 발휘해 높은 성취를 이룬 데는 독서의 힘이 컸다는 것은 의심할 여지가 없다. 자신도 모르게 길러진 독서력으로 엄청난 학습량을 어렵지 않게 소화할 수 있었으리라 짐작한다.

책 읽을 시간이 부족한 고등학생 때는 아침 식사 시간에 식탁 위에 슬그머니 조간신문을 갖다 놓았다. 신문 읽기를 좋아해서 찾아서라도 보는 로사는 고등학교를 다니는 내내 기숙사에서, 토마는 아침을 먹는 10~15분의 시간 동안 매일 그날의 신문을 읽었다. 신문을 읽으며 시사에 대한 상식이 생기니 아빠와 자연스럽게 사회문제에 대해 의견을 나누기도 했다.

얼마 전 신문을 구독하는 가정의 학생들이 신문을 구독하지 않는 가정의 학생들보다 과목별 수능점수가 4~6점이 높게 나왔다는 흥미로운 조사 결과가 있었다. 요즘엔 스마트폰의 영향으로 신문을 정기 구독하는 가정도 많이 줄었다고 한다. 대치동에 처음 왔을 때 학원 광고지도 내겐 중요한 정보여서 광고지가 가장 많이 들어 있는 신문과 교육 섹션의 내용이 좋은 신문, 이렇게 두 종류의 신문을 보기 시작했다.

지금도 우리 집에는 매일 두 종류의 신문이 배달된다. 하나는 넣지 말라고 말씀드렸는데도 10년을 본 애프터서비스인지 막무가내로 계속 넣으신다. 우리 가족은 모두 신문의 열독자들이다.

이제는 '전공 관련'이라는 말에 경계를 두지 마라

학생부에는 독서 기록란이 있다. 새로운 교육 정책이 발표되면 처음의 좋은 취지가 왜곡되면서 과열되는 경향이 있다. 경쟁이 치열하다 보니 교육 정책이 나오기가 무섭게 발 빠른 학원에서는 이에 대한 대책을 내놓기도 한다. 이제는 '학종'(학생부종합전형) 시대라며 언론도 호들갑이니 이것도 어느새 과열 양상을 보이는 듯하다.

학생부는 다다익선이 답이 아니다. 그럼에도 독서의 양이나 봉사 시간이 많을수록 좋다고 믿는 학원이나 학부모들이 있다. 학생부는 정직을 기반으로 한다. 과도한 독서나 봉사 기록은 진정성에 의심을 받을 수 있으므로 주의해야 한다. 만일 그 기록이 진짜 거짓이라면 그 타격은 치명적이다. 그야말로 광탈(빛의 속도로 탈락)이다.

학생부에 기록된 독서 기록은 면접관에게 질문을 받을 가능성이 높다. 책을 겉핥기로 읽을 바에야 아예 기록하지 않는 편이 현명하다. 토마는 대입을 앞두고 고등학교 때 학교에서 지정하는 독서 양을 채운 정도로만 독서 기록을 했다. 사실 더 많이 읽을 시간도 부족했다.

독서 내용에 대한 오해도 있다. 전공 관련 서적에 대한 오해 말이다. 2018년부터는 문·이과 통합교육 과정이 전면 시행된다. 그동안 의견이 분분하고 논란도 많았던 문·이과 통합이 결국 이루어진다니 교육에 일대 혁명이 일어나고 있는 느낌이다. 문과, 이과라는 말이 이제 사전에서나 볼 수 있는 단어가 되어 역사 속으로 사라진다니 놀라울 뿐이다.

사회가 앞으로 미래를 책임질 리더에게 요구하고 있는 것은 통합적 사고 능력이다. 전공과는 전혀 관련 없어 보이는 분야를 전공에 응용하는 능력이야말로 대학과 사회가 부지런히 찾고 있는 인재 상이자 능력이다. 그러니 '전공 관련'이라는 말에 더 이상 경계를 둘 필요가 없다.

얼마 전 '통섭統攝, consilience'이라는 단어가 크게 유행했다. 통섭이란 큰 줄기(통)를 잡다(섭), 즉 '서로 다른 것을 한데 묶어 새로운 것을 잡는다'라는 의미로, 인문·사회과학과 자연과학을 통합해 새로운 것을 만들어내는 범학문적 연구를 일컫는다. 《사회생물학: 새로운 종합Sociobiology: The New Synthesis》(1975)을 저술해 세계적 명성을 얻은 미국의 생물학자 에드워드 윌슨Edward O. Wilson이 사용한 '컨슬리언스consilience'를 그의 제자인 이화여대 최재천 교수가 번역한 말이다.

2018년부터 문·이과 통합교육 과정이 전면 시행됨으로써 바야흐로 통섭의 시대가 열리는 듯하다. 다만 두 가지 이상의 학문이 융합해 한 학문의 전문성마저 떨어뜨릴 수 있다는 문제점은 융합과 통섭의 시대가 극복해야 할 과제가 될 것이다.

독서는 누구에게나
공평한 배움의 기회

우리나라 각 가정에서 공부 좀 시킨다는 집들은 아이가 아직 한글도 못 뗐는데도 웬 책들이 책장에 가득 꽂혀 있는 경우가 많다. 초등학생이 될 정도면 웬만한 시골 도서관 장서 수준의 책들이 구비된다. 추천 필독서는 학교마다 '누가 졸업하기 전에 저걸 다 읽을 수 있을까' 싶을 만큼 많다.

이처럼 독서의 필요성에 대해서는 누구나 공감하고 있다. 언제나 문제는 실천이다. 교육의 기회가 누구에게나 똑같이 주어지는 것은 아니다. 동서고금을 통해 어느 곳에서도, 어느 시기에도 그런 적은 없었으니 사회를 탓할 수도 없다. 인간이 사는 곳이라면 설사 민주적이고 합리적으로 보이는 사회에서조차 마찬가지다.

사실 기회는 누군가가 가져다주는 것이 아니라 본인이 어떻게든 만들어야 하는 경우가 많다. 기회는 준비된 자에게 오는 것이라는 말이 이 사실을 설명해준다. 김연아 선수도 세계에서 아무도 따라올 수 없는 실력을 갖출 때까지 그 모진 불공평, 불공정함을 다 견뎌왔다(우리가 세계를 상대하지 않아도 되는 것은 얼마나 다행스런 일인지…).

그런데 우리나라의 경제규모 정도라면 누구에게나 공평하게 주어지는 배움의 기회가 있다. 그것이 바로 '독서'다. 이제는 아무리 도서 산간벽지, 어느 오지에서라도 책이 없어서 못 읽지는 않는다. 간혹 현지에는 가본 적도 없는 사람이 현지어에 능통한 경우를 볼 수 있다. 책을 통해 익힌 실력으로 능통의 경지에까지 이른 것이다. 외국어를 익히는 데 책을 읽는 것만큼 도움되는 것이 없다는 사실에 많은 사람들이 공감한다. 하지만 문제는 실천이다. 실천은 언제나 힘들고, 책은 언제나 멀어서 많은 엄마들이 남들 보내는 학원으로 아이들을 밀어 넣고 만다.

"내 주변에 현명한 사람이 없어서 나는 책을 통해서 배워야 했다"라며 책을 많이 읽었다는 어느 유명 가수의 말은 가슴이 아프지만 참 멋이 있다. 독서야말로 누구에게나 공평한 교육의 기회다. 그러니 오늘도 힘내자!

어렸을 때
길러진
자기조절능력은
평생을 지배한다

게임에 빠진 아이 때문에
고민인 엄마

초등학교 고학년이나 중고등학교 남학생 어머니들 중에는 게임에 빠져 있는 아이들 때문에 고민인 분들이 많다. 엄마 모임에서 그런 이야기가 나오면 어떤 분은 조언인지 충고인지 "그럼 프로게이머가 되면 어때요?"라고 말한다. 하지만 아이들이 더 잘 알고 있다. 게임의 고수가 얼마만 한 정도의 실력을 가지고 있고, 프로게이머가 되려면 어느 정도의 고수가 되어야 하는지 말이다. 아이들에게 괜히 그런 말을 꺼냈다가는 무지한 엄마 취급을 받을 테니 자제하시라.

로사와 토마는 둘 다 중고등학교 다니는 내내 공부량이 엄청 났기 때문에 게임은커녕 사춘기를 앓을 시간도 없었다. 토마가 중고등학교에 다니는 동안 나는 아이에게서 게임에 대한 열망을 보지 못했다. 중학생 때는 시험이 끝나면 친구들과 PC방에 가기도 했지만, 고등학교 때는 그마저도 하지 않았다. 혹시 컴퓨터 게임에 빠질 만큼 지능이 높지 않아서 그런가 하는 생각이 들 만큼 게임에는 관심이 없었다.

예전에 어느 학원 관계자분이 하신 말씀이 재미있었다. 이제 는 공부하기 쉬워졌다는 이야기였는데, 이유인즉 스마트폰만 이기면 된다는 말이었다. 그때는 웃으며 넘겼는데, 지금 생각해보면 그분이야말로 꽤 선견지명이 있었던 것 같다. 정말이지 많은 학생들이 게임의 포로가 되어 있다. 대학생이 되어서도 그 늪에 빠져 진급을 못하는 경우가 있다고 들었다.

그런데 내가 그동안 까맣게 잊고 있던 기억이 토마의 어릴 적 일기를 읽으면서 되살아났다. 아이의 일기에는 게임을 하고 싶어 몸살을 앓고 있는 모습이 여기저기에서 나타난다. 다만 허락된 시간에 혹은 뭔가를 잘해서 상으로 게임을 할 수 있었던 모양인데, 아이는 엄마 몰래 할 생각은 추호도 안 했던 것 같다. 나는 스스로 마음이 여리고 약하다고 생각하는데, 아이의 일기장을 보니 게임 문제에 관해서는 일관되게 엄격했다. 게임을 하고 싶어 아들은 무척이나 안달이 났던 듯한데, 그럼에도 불만이나 반항의 흔적은 없었다. 아마도 약속은 절대 지키는 엄마를 거역할 수 없었나 보다.

우리 아이들이 착해서 엄마 말을 잘 들었다고 말하시는 분들이 있다. 그분의 아이는 엄마 말을 안 들어 성과가 나지 않았다는 푸념이기도 했다. 하지만 나는 자신의 아이를 제3자인 양 말하는 것은 이해할 수 없다. 자식이라는 결과에는 부모라는 원인이 있기 마련이다. 아이가 말을 안 들었다면 듣지 않게 만든 부모의 책임이다. 사소한 약속이라도 반드시 지키고, 해낼 수 있는 목표를 제시하고, 그 실천을 철저하게 점검하는 엄마의 말을 어느 아이가 안 들을 수 있겠는가. 게으름은 엄마가 가장 피해야 할 죄악이다.

마시멜로 실험의 교훈

전업주부로서 나는 항상 가까이에서 아이들을 관리할 수 있어서 다행이었다. 덕분에 아이들은 참을성을 키울 수 있었고, 비교적 엄마의 눈을 쉽게 벗어날 수 있었을 중고등학생 때도 게임 같은 유혹을 멀리할 수 있는 의지도 생겼다.

하지만 부모나 어른들의 살뜰한 돌봄을 못 받는 아이들이 게임의 유혹을 떨쳐버리긴 어려운 일이다. 지금도 아프리카의 빈

민국에 PC를 가져다주면 가장 빨리 사용하는 기능이 게임이나 동영상 관람이라고 하지 않던가. 우리나라 전국 어디에나 보급되어 있는 PC가 무공해 '그린 PC'가 되기 위해서는 주변 사람들의 강력한 관리가 필요하다.

사회면에 보도되는 끔찍한 사건의 원인이 게임 중독 때문이라는 믿기 어려운 일이 점점 더 자주 벌어진다. IT 강국의 명암이 가슴 아프다. 적절한 시기에 기르지 못한 참을성이나 인내심은 나이가 들수록 더 갖기 힘든 것이다. 마시멜로 실험에서 볼 수 있듯이 어렸을 때 길러진 자기조절능력은 평생을 지배한다.

1966년 스탠퍼드 대학의 심리학자였던 미셸$^{W.\ Mischel}$ 박사는 653명의 네 살짜리 꼬마들에게 지금 먹으면 눈앞의 마시멜로 사탕 1개를 먹을 수 있지만, 15분 동안 먹지 않고 기다리면 2개를 주겠다고 말한다. 그런 다음 마시멜로가 든 접시를 아이 앞에 남겨두고 방을 나간다. 정말로 좋아하는 마시멜로가 눈앞에 있는데 아이들은 과연 얼마나 참을 수 있을까? 결과는 무척 흥미로웠다.

아이들의 반응은 3가지 유형으로 분류되었다. 어떤 아이들은 선생님이 나가자마자 눈앞의 마시멜로를 먹어버렸고, 어떤 아이들은 참다가 중간에 먹어버리기도 했다. 끝까지 참고 기다리는 아이들도 있었다. 미셸 박사는 이 실험을 한 후 15년 뒤 10대가 된 아이들을 다시 만났고, 1981년 그 유명한 마시멜로 연구 결과를 발표했다.

그 결과에 따르면 15분 동안 마시멜로를 먹지 않고 기다렸던 자제력 강한 아이들은 참지 못했던 아이들보다 학업 성적이 뛰어나고 사회성이 높았다. 그들은 스트레스를 받아도 쉽게 좌절하지 않고, 목표가 생기면 그 목표를 달성하기 위해 욕구를 참고 주도적으로 움직이는 모습을 보였다. 반면 참지 못하고 먹어버린 아이들은 스트레스를 받으면 쉽게 포기하고, 자아존중감이 낮은 편이었다. 아이가 학교생활을 잘할 수 있는지를 예측하는 기준으로 사회계층이나 지능지수가 아닌 자기조절능력을 꼽는 학자들도 있다.

마시멜로 실험을 소재로 이야기하다 보니 떠오르는 기억이 있다. 아이들이 초등학교에 다닐 때의 일이다. 언제부터인가 아이들은 학교나 학원이 끝나고 집에 올 때 사탕을 입에 물고 오는 일이 잦아졌다. 알고 보니 학교 앞에서 나눠주는 광고 유인물에 들어 있거나 학원, 학교 선생님들이 보상으로 준 사탕이었다.

그때는 한참 아이들이 커야 하는 때라 나는 아이의 신체 성장에 방해가 되는 사탕 등의 당분은 되도록 멀리하고 있었다. 그래서 어떻게 하면 그 사탕을 아이들이 먹지 않게 할 수 있을까 고민하다 사탕을 받으면 엄마가 살 테니 먹지 말고 가져오라고 했다. 이후 아이들은 사탕을 먹지 않고 집에 가져오게 되었고, 자연스럽게 단 음식을 먹는 횟수는 크게 줄어들었다.

음식도 습관이다. 어렸을 때부터 단 음식을 멀리했던 우리 아이들은 성인이 된 지금도 단 음식을 그다지 즐기지 않는다. 마시멜로 실험을 좀 더 확장해서 이해해보자면 15분을 참은 그룹은 좀처럼 단 음식에 빠지지 않는 그룹이 되었을 것으로 추정된다. 반면 반대 그룹은 그 후로도 단 음식을 손쉽게 가까이했을 가능성이 크다.

정제 설탕이 건강에 해롭다는 사실은 많이 알려져 있다. 정제 설탕의 과다 섭취는 신체적인 건강을 위협할 뿐만 아니라 주의력결핍과 과다행동장애(ADHD), 두통, 불안 등을 발생시킬 수 있다. 공부뿐만 아니라 어떤 일에 의욕을 가지고 몰입하기 위해서는 건강한 정신과 신체가 필수다. 자기조절능력은 식습관에서도 크게 발휘된다. 먹는 음식이 바로 그 사람이다.

올바른
공부 습관
만들어주기

초등 1학년 습관이
고3까지 이어진다

로사가 초등학교에 입학하던 날이 떠오른다. 아직 제법 쌀쌀한 3월 초의 찬바람을 맞으며 운동장에 줄을 맞춰 서 있는 아이의 모습이 대견하면서도 나는 긴장이 되었다. 드디어 우리 아이가 사회라는 정글에 뛰어들었구나 하는 애처로움마저 스쳐갔다.

요즘엔 한글을 익히지 않고 초등학교에 입학하는 아이를 거의 찾아보기가 어렵다. 그러다 보니 많은 엄마들이 초등학교에 입학해서 이루어지는 학습에 대해 가볍게 여기는 경향이 있는 듯하다. 초등학교는 아이들이 일찍이 가져보지 못했던 강력한 외적 동기를 갖게 되는 시기다. 선생님들께, 그리고 친구들에게 인정받는 기분은 가족의 칭찬과는 또 다른 무게로 아이를 자극하게 된다. 따라서 학교에서 이루어지는 활동을 잘해나가는 것은 대단히 중요하다. 그 활동이 비록 색칠하기, 포물선 그리기, 받아쓰기, 구구단 외우기와 같이 단순한 수행일지라도 말이다. 수시 비중이 점점 늘어나는 최근의 입시 경향에서 공교육에 충실한 태도는 더욱 중요하다.

아직 아이가 어린 부모님들은 대입 전형에 대한 이해가 부족할 것으로 생각된다. 현행 대입 전형에는 크게 '수시'와 '정시' 모집이 있다. 정시는 11월 수능시험을 본 뒤 그 점수를 활용해 학생을 선발하는 방식을 말한다. 수시는 정시 모집 이전에 각 대학이 자율적으로 정한 다양한 전형을 통해 학생을 선발하는 방식이다. 선발 기준에 수능 최저 등급을 반영하기도 하고, 수능 점수는 아예 배제되기도 한다.

대학의 자율성이 어느 정도 보장되므로 점점 수시로 학생을 선발하려는 대학과 학과가 늘어나고 있다. 수시 모집에서는 1차로 학생부를 서류로 평가하는 경우가 많은데, 이를 '학생부종합전형'이라고 한다. 학생부를 주요 전형 요소로 평가하는 수시 전형이 2018년에는 대학 모집 정원의 70%에 육박할 전망이다. 그러니 무엇보다 충실한 학교생활이 중요하고, 초등학교 때부터 그 습관을 갖추는 것이 좋다.

초등 저학년까지는 올바른 습관을 들이는 것이 그보다 큰 아이들에 비해 수월하다. 아이가 알림장을 제대로 써오지 않아 준비물을 챙겨가지 못한 일이 있었다면, 왜 알림장을 못 썼는지 이유부터 알아보고 다시는 그런 일이 없도록 바로잡아야 한다. 당근이든 채찍이든 어떤 수단을 써서라도 습관을 바로잡는 게 중요하다. 사소한 습관이라도 초등 1학년 버릇이 고3까지 가기 때문이고 사소한 습관이라 여겼던 것이 시간이 지날수록 사소하지 않은 문제로 다가오기 때문이다.

초등학교에 입학하기 전에는 오히려 입학 전에 뭘 더 준비시켜 보내야 하나 고민하다가 막상 1학년이 되고 보면 배우는 게 많지 않아 보인다. 특히 요즘은 유치원에서 초등학교 입학 후에 배우는 내용을 대부분 학습시켜 주기 때문에 조급한 엄마들은 다른 걸 뭘 더 가르치고 배워야 한다는 생각을 하게 된다. 그런데 아직은 어렵지 않은 학습이 이루어지다 보니 조금 앞서가는 일에 아이의 큰 능력이 나타나지는 않을 때다. 엄마들 사이에 초등 저학년 학생들의 성적은 곧 엄마들의 성적인 경우가 많은 이유이기도 하다. 그러나 엄마의 성적이 고학년이 되도록 계속되지는 않는다. 그만큼 초등 저학년까지는 엄마가 끌어주는 만큼 아이는 따라오기 마련이다. 문제는 엄마의 성적이 초등 고학년, 중학생이 될 때까지 계속되지는 않는다는 것이다.

나는 아이들에게 한글을 가르치거나 구구단을 외우게 하고,

받아쓰기 연습을 시켰던 것 외에는 내가 직접 가르쳤던 기억이 거의 없다. 문제집을 풀면 채점을 해주고, 사고력 수학 문제는 나도 흥미가 있어서 같이 풀어본 정도였다. 다만 아이들이 공부를 하고 있을 때는 되도록 곁에 있었다. 어렸을 때는 아이 옆에서 책을 읽는다든지 하면서 함께했고, 웬만큼 커서는 집 안의 다른 공간에서 아이들 곁을 지켰다. 조각수가 많은 퍼즐을 몇 날 며칠 동안 맞추기도 하고, 좋은 책을 필사하기도 하면서 시간을 보냈다. 입시가 끝나는 순간까지 나는 아이들보다 먼저 잠들지 않았다.

서울 강남 지역에서는 부모의 학력을 뛰어넘는 자녀들을 찾아보기가 어렵다고 한다. 고학력의 부모들이 많고, 입시 경쟁이 치열하다 보니 부모의 학창 시절보다 좋은 학교에 가기가 상대적으로 더 어려워졌다. 실제로 똑똑한 부모 밑에서 주눅 들고 심지어 열등감마저 느끼는 아이들이 많다. 존재만으로도 사랑스러워야 할 아이들을 부모가 자신의 학력을 강조하여 열등감을 심어주는 것은 참 가슴 아픈 일이다.

초등 저학년 때의 공부 습관은 고3까지 이어지며 입시 결과를 결정하는 데 큰 힘을 발휘한다. 많은 부모들이 궁금해하는 부분도 바로 공부 습관일 것이다. 그런데 언제나 그렇듯이 진리는 단순하고 성공은 생각보다 가까이 있다.

한 살이라도 어린 나이일수록 평생 가져갈 공부 습관을 들이

기가 수월하다. 유치원이나 학교에서 돌아오면 숙제부터 하고 놀기, 자기 전에 책가방 싸고 준비물 챙기기, 오늘의 일기 쓰기 등 누구나 어렵지 않게 할 수 있는 기초적인 행동 양식이 습관이 되도록 하는 것이다. 반듯하고 야무지게 자기 할 일을 하는 아이는 선생님의 눈에도, 친구들의 눈에도 예쁘고 사랑스럽다. 이렇게 사랑받는 아이가 다른 친구를 괴롭히거나 엇나갈 리는 없다.

"실패한 사람과 성공한 사람의 차이는 단지 그들의 습관에 있다. 좋은 습관은 모든 성공의 열쇠다." 오그 만디노의 말이다.

국어, 영어, 수학의
기초 다지기

공부 잘하는 학생치고 국, 영, 수 못하는 학생이 없고, 국, 영, 수는 잘하는데 다른 과목을 못하기도 쉽지 않다. 그래서 이 세 과목을 흔히 '주요 과목'이라고 한다. 이제 2018학년도부터 수능에서 영어 과목이 절대평가제로 바뀌고, 영어 내신도 곧 절대평가제를 도입한다고 한다. 이쯤 되면 영어는 이제 주요 과목의 자리를 내주어야 할까?

그렇지 않다. 영어 실력은 여전히 대학과 사회에서 큰 힘을 발휘하고 있다. 실제로 대학에서, 그리고 사회생활을 하면서 이런 현실을 직접 경험한 부모들이 아이를 영어 유치원에 보내고 영어 몰입 교육에 관심을 두는 것이다. 세계를 누비며 눈부신 활약을 하는 자랑스러운 한국인들을 보면 저들은 어떤 성장 과정을 거쳤을까 궁금해진다. "한 언어를 하면 하나의 세계가 열린다"라고 하지 않던가. 아이를 글로벌한 인재로 키우고 싶은 열망이야 부모라면 누구나 한번쯤 꿈꿔 보았으리라. 뜻이 있는 곳에 길이 있다고 언어에 대해 꾸준히 관심을 갖다 보면 새로운 기회도 생길 것이다.

아이들이 고학년이 될 때까지 학교 공부 외에는 크게 학습에 관심을 두지 않았던 나도 막연하게나마 그 중요성을 깨닫고 실천했던 것들이 있다. 책 읽기주기, 외국어 들려주기, 수리계산 능력 키워주기 등이었다. 놀이처럼 아이와 함께했던 활동들이 결국 국, 영, 수의 기초를 닦은 결과가 되었다.

책은 아이가 글을 깨치고 스스로 찾아 읽기 전까지 혹은 그 이후로도 한동안 소리 내어 읽어주었다. 이때는 많은 책을 읽는 것보다는 책을 많이 읽는 것에 집중했다. 아이들이 읽어달라는 책이라면 몇 번이고 반복해서 읽어주었다. 아이들이 좋아했기 때문이다. 특히 토마는 좋아하는 것은 무한 반복하는 타입이었다. 책이든, 만화영화 비디오테이프든 헤지고 닳도록 봤다. 토마는 공부를 시작하면 책상에 한번 앉아 있는 시간이 믿어지지 않을 정도로 길었다. 남다른 지구력은 타고난 성향이기도 하고, 독서 등을 통해 훈련된 부분도 컸을 것이다. 나는 토마가 무언가에 골 똘히 빠져 있을 때면 밥을 먹으라는 등의 소리로 그 시간을 방해 하지 않았다.

외국어 듣기를 위해 디즈니 만화영화나 스토리북 테이프를 틀 어주었다. 만화영화가 재미있다며 아이들은 오랜 시간 몰입해서 보고 들었다. 그렇게 잘 보고 잘 듣는 내용을 학습적으로 십분 활용하지 못한 것은 나의 실수였다.

많은 부모들이 영어 유치원이나 학원에서 원어민에게 직접 영 어를 배우게 하고 싶어 한다. 원어민으로부터 발음이나 문화 등 을 자연스럽게 익힐 수 있을 것이라고 기대하기 때문이다. 하지 만 정작 주변에서 놀라운 외국어 실력을 보여주는 학생들은 대 부분 스스로 책과 오디오 등으로 영어를 익힌 아이들이다.

얼마 전 TV에서 전미영어철자 대회(스펠링비, Spelling Bee)에 관한 소식을 보았다. 스펠링비 대회는 사회자가 생소한 영어 단 어를 말하면 학생은 그 단어의 어원이 어느 나라인지 물어보고 철자를 말하는 대회다. 그런데 올해 이 대회에서 한국의 중학교 1학년 여학생이 결승에 진출해 화제가 되었다. 더욱 놀라운 건 이 여학생은 영어권에서 살아본 적도, 영어 학원을 다니지도 않 았다는 사실이다. 다만 집에서 반복적으로 영어 테이프를 들으 면서 스토리북과 학습 교재로 익힌 실력이었다.

나는 우리 아이들이 원어민 수준의 상당한 영어 실력을 갖추지 못한 것은 현재 성취한 결과에 지불해야 하는 대가라고 생각해왔다. 과학고를 준비하면서 영어 공부에 많은 시간을 투자하기가 어려웠다. 그런데 이 여학생을 보면서 아이들이 어렸을 때 그렇게 해주지 못한 게 못내 아쉬웠다. 충분히 할 수 있었는데 그때는 알지 못해서 시도하지 않았던 게 너무 안타깝다.

초기 유아기(2~6세)는 제2언어를 배우기에 가장 좋은 시기로 알려져 있다. 두 가지 언어를 쓰는 바이링구얼bilingual을 가능하게 습득하는 시기이기도 하다. 성인이 되어서는 같은 노력을 기울인다 해도 원어민처럼 유창하게 외국어를 하는 것이 어려워진다. 그 소중한 시기를 어떻게 활용할지 엄마의 지혜를 더 모아야할 것이다.

계산 능력을 키워주는 일도 중요한데, 이는 놀랍도록 단순하다. 계산 연습용 학습지를 해도 좋고, 엄마가 직접 교재를 만들 수도 있다. 로사의 초등학교 4학년 때 담임선생님은 여름방학이 끝나자 아이들에게 선물이라며 두툼한 교재를 한 권씩 나눠주셨다. 선생님이 직접 제작한 책이었는데, 가로 세로 10칸에 다양한 한 자리 숫자들이 써 있는 총 100칸의 계산 연습지가 수백 장 인쇄된 묶음이었다. 앞서 소개했던 《기적의 계산법》의 '100칸 계산법'이었다.

선생님은 아침마다 10분씩 초시계를 모니터에 크게 띄워놓고 계산 연습을 시켰다. 목표는 어제의 나보다 좀 더 빠르고 정확해지는 것이었다. 로사의 계산 능력은 그때 이미 만들어진 것 같다. 똑같은 숫자여도 상관없다. 아이들의 계산 능력이 커지는 모습에 엄마들은 깜짝 놀라게 될 것이다.

좋은 머리만큼
따뜻한 심장을
지녔는가

최근 입시의 화두는 '인성'

토마가 입시를 치른 서울대 일반전형은 1차 서류 평가를 통해
최종 합격 인원의 2배수를 선발해 MMI 면접을 진행한다. 이제
훌륭한 인성은 사람이 인생을 살아가는 데 타인과의 관계를 원
만하게 유지하고, 주변에 밝은 영향을 끼치는 요소로서만이 아
닌 입시를 성공적으로 이끌기 위해서 갖추어야 할 요건으로까지
발전했다.

　인성personality이란 '자신만의 생활 스타일로서 다른 사람들과
구분되는 지속적이고 일관된 독특한 심리 및 행동 양식'을 말한
다. 대학은 학생의 인성이 학문을 습득하고 이를 사회에서 적용

하는 데 합당한지를 평가하길 원했고, 그 필요성을 절감했던 것으로 해석된다. 의대생을 뽑을 때 인성과 적성을 중시해야 한다는 것은 의학계의 오랜 화두^{話頭}다. '좋은 머리만큼 따뜻한 심장을 지녔는가?'라는 물음은 환자와 환자 가족들이 의사를 대할 때 갖게 되는 의문이자 간절한 바람일 것이다. 라포르(rapport, 의사와 환자의 심리적 신뢰) 형성 능력이 있는 지원자를 선발하려는 것이 MMI 면접을 도입한 대학의 의도라고 알려져 있다.

MMI 면접은 2001년 캐나다의 McMaster 의과대학에서 처음 도입됐다. MMI란 'Multiple Mini Interview'의 약자로 다면적 인적성 면접을 말한다. 대학은 MMI 면접을 통해 학생의 비판적 사고력, 윤리적 의사결정 능력, 의사소통 능력 등 비인지적 특성을 평가한다. 전통적인 학생 선발 방식이 의사로서 가져야 할 이러한 특성을 반영하지 못한다는 문제가 지적됐기 때문이다. 지원자는 주제가 다른 면접 방들을 차례로 이동하면서 면접을 실시하게 되는데, 면접 시간은 한 차례에 10분 정도 소요된다. 방 수는 학교마다 차이가 있지만, 면접은 종료될 때까지 쉬는 시간 없이 이어진다.

MMI 면접은 기존의 선발 시스템이 반영하지 못하는 학생의 인성을 다면적, 심층적으로 평가하는 방식이지만 동시에 적성, 즉 전공적합성 또한 다면적, 심층적으로 중요하게 평가된다. MMI 면접은 현재 캐나다 이외에도 미국, 영국, 중국 등 전 세계

의과대학에서 학생 선발에 활용하고 있다. 우리나라 역시 2008년 강원대 의학전문대학원을 필두로 한림대, 서울대, 인제대, 연세대 의과대학 등이 도입했다.

바른 인성은
바른 가정에서 비롯된다

내신이며 수능 성적까지 완벽한 공부 잘하는 학생이 수시 면접에서 떨어지더니 정시 면접에서도 떨어지고 말았다. 이 학생의 경우 인성 면접에서 탈락했을 가능성이 크다. 그런데 문제는 이 학생은 자신이 왜 떨어졌는지를 모른다는 사실이다. 그 이유를 모른다면 그 학생은 면접을 몇 번이고 다시 봐도 결과가 달라지지 않을 것이다. 인성이 바르지 못한 이들은 자신의 문제점을 잘 파악하지 못한다. 알았다면 애초에 문제도 없었을 것이다.

그렇다면 바른 인성이란 무엇이고, 어떻게 키워지는 것일까? 바른 인성이란 도덕이나 윤리적으로 어긋나지 않는 삶을 사는 태도를 말하며, 가정에서 자연스럽게 배우고 익히는 것이다. 아이가 훌륭한 인성을 가졌다고 평가받는데 그게 타고난 것이라면 가장 감사한 일이다. 그렇지 못하다고 생각된다면 부모가 바르게 키워줘야 한다. 아이가 앞으로 살아갈 날을 위해서뿐만 아니라 대학을 보내기 위해서라도 이제는 실천해야 하는 일이다.

전통적인 도덕과 윤리는 물론 사회생활에 필요한 기초 질서는 가정에서 그 교육을 담당해야 한다. 아이는 부모의 거울이다. 부모가 생활 속에서 무심코 보여주는 말과 행동은 아이에게 그대로 수용된다. 이웃을 만나면 항상 웃으며 인사하는 엄마, 내 아이가 소중하다면 이웃의 아이도 소중하게 생각하는 부모의 모습을 보며 자란 아이는 인간관계를 중시하며 이웃을 존중할 줄 안다. 학원에 늦었다고 교통신호를 위반하고 멀리 있는 횡단보도로 가지 않고 무단횡단을 일삼는 엄마나 사회 저층민을 하대하고 놀이공원의 긴 줄에서 슬쩍 새치기하는 아빠의 모습을 보며 자란 아이의 인성은 왜곡되어 간다.

《태교신기》에서 사주당 이씨가 "스승 십년의 가르침이 어미 열 달 배 안의 가르침만 못하고, 열 달 어미의 가르침 또한 아비 하룻밤 부부 교합할 때의 바른 마음가짐만 못하다"라 했듯이 우리 선조들은 아이의 됨됨이는 임신 중은 물론 임신 전부터 형성된다고 믿었다. 특히 아빠의 마음가짐이 태중에 있는 자식의 지적, 신체적 발달에 크게 영향을 주고 아이의 인성을 결정하는 가장 중심에 부모, 그중에서도 아빠의 중요한 역할이 있음을 가르쳐왔다. 우리가 잘 알고 있는 '맹모삼천지교' 역시 교육과 더불어 좋은 인성을 키워주기 위한 엄마의 정성으로 볼 수 있다.

인성은 부모로부터 배우고 익히는 경우가 많지만, 아이가 커

갈수록 스스로의 노력으로 바른 인성을 키우기도 한다. 그중 독서나 운동은 가장 효과적인 정신 수행 방법이다.

격투기의 고수들은 오히려 폭력을 멀리한다. 혹독한 몸의 단련을 통해 이미 정신이 수련되었기 때문이다. 그만큼 운동은 인성을 키우는 데 많은 도움이 된다. 또한 책을 많이 읽으면 학습력이 길러지는 것은 물론 사람이 살아가는 이치를 터득할 수 있게 된다.

이처럼 어렸을 때부터 차곡차곡 쌓여진 정신적 재산이 입시에서는 10분의 면접을 통해 고스란히 드러난다. 실제로 면접을 본 대부분의 학생들이 "결국 내가 살아온 모습 그대로가 드러나더라"고 증언하고 있다.

PART 2

본격적인
학습의
길

숙제는
노력의 흔적이
돋보이도록
한다

본격적인 학습의 길로
들어가기 전에

2장에 들어가기 전에 당부하고 싶은 말이 있다. 이 책을 읽고 있을 직장맘들에게 드리고 싶은 말이다. 아이들을 키우면서 가끔씩 직장맘들의 고충과 한숨을 만나게 된다. 애 키우고 공부시키기도 힘든데 직장까지 다니니 그 심신의 피로가 오죽할까 싶다. 나의 딸아이가 예비 직장맘이기도 해서 더욱더 마음이 쓰인다.

앞으로 펼쳐질 이야기는 사실 내가 전업주부이기에 가능했던 경우가 많다. 그런데 우리 아이와 똑같은 성취를 이룬 과학고나 대학에서 만난 학부모님들 중에는 교사, 의사, 공무원, 사업가,

회사원 등 다양한 직업의 직장맘들이 많이 있었다. 나는 그분들이 신기하고 존경스럽다. 나중에 우리 딸이 직장맘이 되면 그분들을 쫓아다니며 꼭 그 노하우를 알아볼 것이다. 그분들은 아마도 우리 딸에게 '나도 했는데 누가 못 하겠느냐'며 용기와 희망을 주실 것이다.

바쁜 엄마 대신 자신이 스스로 판단하고 선택해야 하는 순간이 상대적으로 많았을 직장맘들의 아이들은 부모가 챙기기도 전에 이미 상황에 대한 통찰력과 직관력을 갖추었을 가능성이 크다. 직장맘들은 전업주부 엄마의 고군분투기의 행간에서 또 다른 팁을 얻길 바란다. 여러분의 아이들은 일하는 엄마를 보면서 이미 내적인 성장을 이루었을 것이기에.

극상위권이 모이는
교육 특구 대치동

로사가 초등 4학년 때까지 살던 경기도를 떠나 서울로의 이사를 며칠 앞두고 있던 어느 날이었다. 다정하게 잘 지내던 이웃과의 이별을 서운해하며 아이들 친구 엄마 몇 명이 우리 집에 왔다. 때마침 인터넷 서점에 주문한 책이 도착했다. 그 당시 한창 돌풍을 일으켰던 초등 성적 관리에 관한 책과 대치동 엄마들의 분위기와 유명 학원 정보가 담긴 책이었다. 그날 우리 집에 온 엄마들 중에는 대치동의 대형 산부인과에서 근무하던 선생님이 있었는데, 그 엄마는 우스갯소리로 그 책은 대치동 엄마들은 아무도 안 본다고 해서 다 같이 깔깔대며 웃었던 기억이 난다.

2005년 2월 18일, 그렇게 우리 가족은 떨리고 긴장되는 마음으로 대치동으로 터전을 옮겼다. 그때 소중히 안고 온 2권의 책으로 시작된 나의 자녀교육서 탐독은 둘째 아이가 입시를 마칠 때까지 계속되었다.

대치동 생활은 다행히 새로 입주하는 아파트에서 시작되어 인근 초등학교에는 전학생이 넘쳐났다. 덕분에 전학의 트라우마 없이 아이들이 새 학교에 쉽게 적응할 수 있었다. 아이들보다 긴장했던 건 오히려 엄마인 나였다. 경제적으로도 무리를 해서 올라왔기 때문에 나는 그때 절대 아파서도 안 되었고, 지출 외 지출이 있어서도 안 되었다. 몸이 힘들어도 도우미를 쓸 생각은 꿈에도 안 했다.

그런데 어느 날 로사가 친구들을 데리고 와서 점심을 차려줬는데, 분주하게 왔다 갔다 하며 집안일을 하는 내 모습을 보더니 한 아이가 "우리 집에는 아줌마가 매일 오는데…"라고 말하는 소리가 들렸다. 다른 아이도 한마디 했다. "우리는 일주일에 세 번."

말없이 밥을 먹고 있는 우리 아이의 모습이 보였다. 그런 동네였다. 그때 같은 학교에서는 최고의 부촌이라는 주상복합에 사는 아이들이 많았고, 우리가 입주한 아파트도 생활수준이 높았다. 혹시 상처를 받았을까 로사의 눈치를 보았는데, 그 정도로 자신 없게 사는 아이는 아니었다.

학교생활에 도움이 될까 하여 전학 가서 처음 열린 학부모 총회 때 큰아이 반에서 녹색 어머니회에 가입했다. 그때 같이 활동했던 어머니들 중에 한 분과 친하게 되었다. 화려한 외모의 학부형들이 많은 중에도 유난히 수수한 모습의 그분은 나중에 알고 보니 참 똑똑한 남학생의 어머니였다. 그 아이는 학원을 일절 다니지 않았다. 나는 하도 궁금해 그럴 거면 왜 대치동에 오셨냐고 물었더니 그 어머니는 살짝 웃고 말았다.

그 남학생은 집에서만 영어를 하는데도 가끔 실력 점검차 레벨 테스트를 보면 어디서든 최고급 레벨이 나왔다. 6학년 때는 우리 아이와 같이 학교 대표로 선발되어 교육청 중등 영재원을 다녔고, 역시나 이과 최상위권이 선망하는 엘리트 코스를 무난히 밟았다. 내가 본 아이들 중 대치동에서 학원을 다니지 않는 거의 유일한 학생이었다. 이런 극상위권 학생들이 모이는 곳이 대치동이었다.

"사자는 새끼를 절벽에서 떨어뜨려서 살아남는 놈들만 길러낸다"라고 하지 않던가. 그저 자식을 수준 높은 환경에서 단련시키기 위해 대치동으로 오기도 한다. 그 어머니가 영어 오디오북을 추천해준 적이 있었다. 손글씨로 30여 권의 책 제목을 깨알같이 적은 종이를 건네주면서 이 책은 어떻고 저 책은 어떻다며 설명을 해주는데, 그 책들의 내용을 전부 알고 있는 것이었다. 그 어머니에 그 아들이었다.

나는 아이들이 선생님께서 내주시는 숙제는 정성을 다해 제시간에 제출하도록 도왔다. 예를 들어 동네 지도를 그려오라면 김정호가 직접 발로 밟아가며 대동여지도를 그려냈듯 아이들과 직접 같이 나가 사진을 찍고, 동네를 탐사하며 그리는 식이었다. 또 글만 쓸 게 아니라 전과에 나온 참고 사진이라도 복사해서 노트에 붙여 제출했다. 그 간단한 수고에도 선생님께서는 로사의 노트를 아이들에게 보여주며 "얘가 공부를 못할 수가 없다"고 칭찬해주셨다고 한다.

매사에 꼼꼼하게 최선을 다하는 습관은 이런 식으로 다져졌다. 경기도에서 하던 윤선생 영어와 구몬 수학 학습지는 대치동에 와서도 한동안 계속했다. 어디 물어볼 데가 없었는데, 그때 오셨던 학습지 선생님들이 내겐 큰 도움이 되었다. 대치동 지역을 담당하는 학습지 선생님들은 수준이 높았다. 그 지역에 오래 사신 분들이라 이것저것 여쭤보며 여러모로 도움을 많이 받았다.

학원 정보가 소개되어 있는 책도 참고했다. 대치동 엄마들에게는 많이 알려진 곳들이었겠지만, 아무것도 모르고 온 나에게는 많은 도움이 되었다. 그때는 초등학생들 사이에 한참 논술 붐이 일어서 나는 한편 갸우뚱하면서도 책에 소개된 유명 논술학원을 찾아가 보았다. 그런데 대기하는 학생들이 많아서 수업을 들으려면 2년은 기다려야 한다고 했다. 2년 뒤면 로사는 이미 중학생이다.

결국 논술이 초등학생들에게 어떤 의미인지 나 스스로 판단이 서질 않아 수학, 영어 공부에 몰입했다. 이후 논술의 인기는 언제 그랬나 싶게 사그라들었다. 엄마들이 아이들의 실력을 꾸준히 키워줘야 할 것은 어떤 입시 제도에서도 변함없이 힘을 발휘할 과목이다.

인간을 믿기보다
시스템을 믿어야 한다

로사는 4학년이 되었을 때부터 선생님께 양해를 구하고 영어일기를 쓰기 시작했다. 하루는 한글로, 다음 날은 영어로 쓰는 식이었다. 한글일기, 영어일기 번갈아 쓰기는 대치동에 와서도 한동안 계속되었다. 공연이나 영화를 보고 온 날이면 입장권을 그날의 일기에 붙였다. 간단한 수고이지만 훗날에 역사도 되고 검사하는 선생님께 좋은 인상도 남기게 된다.

일기 쓰기는 아이들이 초등학교 다니는 내내 내가 집착했던 과제였다. 일기를 쓰면 좋은 점이 한두 가지가 아니다. 우선 반성과 다짐을 거듭하면서 아이가 발전하는 모습이 눈에 보일 정도이고, 학습적으로도 응용할 부분이 많다.

영어일기를 쓰면서 영작문 연습도 하고, 날짜 등을 한자로 쓰기로 정해 한자 연습도 할 수 있다. 어떤 날은 엄마와 음식을 같이 만들어보고 만드는 순서를 적으면서 분석적 글쓰기 연습을 해볼 수도 있다. 생각과 느낌을 만화처럼 그림으로 표현해보는 것도 재미있다. 단, 주의할 점은 아이들의 일기는 선생님께서 반드시 검사를 해주셔야 한다는 것이다.

로사가 6학년이 되었을 때다. 이제 제법 큰 아이들은 일기 검사에 대해 불만을 표시했다. 그러자 선생님께서 일기를 쓰는 것만 점검하되 읽어보지는 않겠다고 선언하셨다. 이후 아이의 일기는 자기반성과 발전의 기회를 주고 학습적인 훈련이 되는 훌륭한 기능을 잃고 말았다. 하루를 뒤돌아보고 자신의 생활을 점검하기보다는 마음의 낙서장에 불과한 종잇조각으로 전락해버린 것이다. 선생님께 내용을 검사받는 일기와 그렇지 않은 일기는 천지 차이였다.

인간의 본질에 대해 성악설이 맞을지, 성선설이 맞을지는 모르겠지만 분명한 게 있다. 인간을 믿기보다는 시스템을 믿어야 한다는 사실이다. 인간의 이성과 의지력은 그리 강하지도 않고,

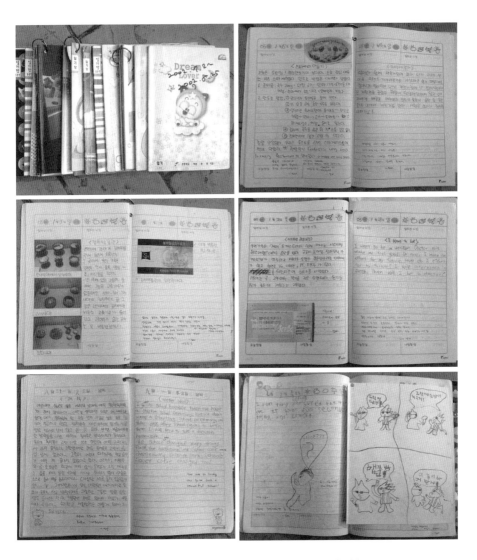

일기 쓰기는 로사와 토마의 공부력 기초를 마련하는 데 큰 역할을 했다.

조건에 따라 변하기도 한다. 믿을 수 없는 대참사도, 바이러스에 의한 감염병의 창궐도 시스템 안에서 매뉴얼을 지키지 않고 사람을 믿었기 때문에 벌어진 일이었다. 인간은 누구도 다르지 않다. 나를 믿지 말고 시스템을 믿어야 한다.

크는 아이들이야 말할 것도 없다. 믿지 못하는 정도가 아니라 규칙 안에서 엄격히 규율해야 한다. 그게 결국은 아이들을 보호하는 길이다. 학생 인권은 보장한다고 하는데 왜 학교 폭력은 그토록 기승을 부리는 것인가. 어쩌면 인권을 실현하는 대가로 인격과 생명을 내주고 있는 것은 아닌가. 아직은 판단력과 가치관이 미숙한 아이들의 요구를 무조건 들어주기보다는 한 번 더 심사숙고하는 자세가 아쉽다.

"사랑이 혼인의 서약을 지켜주지 않고, 혼인의 서약이 사랑을 지켜줍니다."

고^故 김수환 추기경이 방수현 선수의 혼인 미사 주례 때 하신 말씀이다. 인간에 대한 이해와 사랑을 일생 동안 실천으로 보여주셨던 분의 말씀이라 더욱 큰 울림이 있다. 사람은 규범과 규칙 안에서 비로소 아름다워지는 존재다.

선행학습 없이
대치동 생활을
시작한
아들의 고군분투기

선생님의 선한 영향력으로
변화하기 시작한 토마의 첫걸음

수영과 악기로 공부의 기본 체력을 충전한 딸에 비해 아들 토마의 대치동 생활은 고달프게 시작되었다. 워낙 마른 몸이라 안쓰러워 운동도 심하게 못 시켰고, 동네 친구들과 노는 게 너무 즐겁기만 했던 아이에게 선행학습은 무엇에 쓰는 물건인가 하며 무작정 대치동 생활을 시작한 것이다.

　토마는 대치동에 올 때까지도 안쓰러울 정도로 비쩍 마른 몸에 밥 먹는 것도 시원찮았다. 성공 신화로 유명한 일본의 한 기업인은 밥 빨리 먹는 순으로 신입사원을 채용했다고 한다. 떨어진 사람들은 별 이상한 시험도 다 있다고 하지만, 그는 밥 빨리 먹기 시험은 명문대 출신은 아니지만 잠재능력이 있는 사람을 뽑기 위한 아이디어라고 했다.

토마는 학교 급식도 반 이상 남기기 일쑤였는데, 다행히도 3학년 때 엄격하고 지혜로운 선생님을 만나 급식을 말끔히 먹는 습관을 갖게 되었다. 토마가 대치동으로 이사 온 3학년 때 만난 담임선생님은 지금도 가장 기억에 남는 초등학교 때의 선생님이다. 빈틈없고 단정하신 K선생님은 아이들에게 엄격했다.

나는 한 해 동안 아이들이 학교에서 가져온 과제물이나 흔적들을 모아두곤 했는데, 그때의 보물상자를 꺼내 보면 그 학년의 기록물을 모두 볼 수 있었다. 재미있는 점은 어떤 학년의 기록물은 한눈에 볼 수 있도록 묶여져 정리가 잘되어 있고, 어떤 학년의 것들은 이리저리 한 장씩 흩어져 있다. 같은 아이의 기록물들이니 정리가 잘되어 있는 것은 담임선생님께서 그렇게 하도록 한 것들이다. 선생님이 좋았다고 생각되는 학년은 그 기록물도 깨끗하고 일목요연하다.

K선생님이 토마를 맡았던 3학년의 일기장은 6권의 일기가 한 권으로 묶여져 있다. 겉표지와 마지막 표지에는 아이의 그림과 아이가 미래의 자신에게 쓰는 짧은 편지글도 담겨 있다. 1년치의 일기를 읽어보며 전학 와서 힘들지는 않았을까 했던 나의 우려와는 달리 가끔씩 학교 시험에 대한 부담을 적어둔 것 외에는

어떤 근심이나 걱정, 고통이나 괴로움은 단 한 줄도 찾아볼 수가 없다. 마냥 즐겁고 재미있게 지내는 모습과 맡은 바 책임을 다하려는 노력, 어떻게 하면 엄마에게 게임 시간을 더 얻어낼까 하는 귀여운 몸부림만이 있을 뿐이다.

선생님께서는 어떻게 일일이 그 많은 아이들에게 이렇게 해주셨을까 싶게 구체적이고 정성스런 멘트를 달아주셨다. 그중에 눈에 띄는 하루의 일기가 있었다. 담임선생님께서 결근하신 날의 일기였다. 임시로 오신 선생님이 계셨는데, 아이들이 너무 떠들고 이동 수업 때 여자 먼저, 그다음 남자가 이동하는 질서도 지켜지지 않았다는 내용이었다. 아이는 일기장에 물음표와 느낌표를 잔뜩 그려놓았는데, 그날의 혼란스런 기분을 회화처럼 표현해둔 것이었다.

1년치의 일기를 다 읽고 나서 비로소 나는 알 수 있었다. 선행학습은 남 이야기인 듯했고, 체력도 부실한 상태로 대치동에 온 토마가 느리지만 끈질기게 나아가며 마침내 목표 지점에 도달할 수 있었던 첫걸음은 K선생님으로부터 시작되었다는 것이다. 지금도 어디에선가 훌륭한 지도력을 펼치고 계실 K선생님의 건강과 축복을 기원해본다.

공부는 정리정돈에서부터
시작된다

얼마 전 〈조선일보〉에서 한국 남자아이스하키 대표 팀 백지선 감독에 대한 기사를 흥미 있게 읽었다.

"2014년 7월, 한국 남자 아이스하키 대표팀 감독을 처음 맡게 된 백지선(49) 감독은 큰 충격을 받았다. 대표 팀 운동복에 슬리퍼를 신고 거리에 나서는 선수들, 장비가 아무렇게나 어질러진 라커룸. NHL(북미아이스하키리그) 스타였던 그로선 상상도 못 했던 모습이었다. 팀에는 패배주의가 만연했고, 선수들에게는 국가대표의 긍지나 승리에 대한 열망을 찾아볼 수 없었다. (중략) 백 감독은 작은 것들부터 바꿔 나갔다. 라커룸에 태극기를 걸고, 모든 장비와 유니폼을 '각' 맞춰 정리하도록 했다. 경기장 이동 시엔 짧은 거리라도 반드시 정장에 넥타이를 하도록 했다."

백 감독의 요구에 따라 기강을 다시 세운 대표 팀은 놀라운 성적을 보이기 시작했다. 지난 4월 26일, 폴란드에서 열린 2016 국제아이스하키연맹IIHF 세계선수권대회에서 우리 국가 대표 아이스하키 팀이 34년 만에 일본에 첫 승을 거두었다는 소식이 날아들었다. 승리 팀의 국가만 연주되는 대회 규정에 따라 애국가가 선수들의 땀과 눈물로 얼룩진 얼굴 뒤로 전리품처럼 연주되는 모습이 TV를 통해 중계되었다. IIHF는 "1930년 월드챔피언

십에 일본이 속한 뒤 줄곧 동아시아의 넘버 1은 일본이었다"라면서 "그러나 이번 한국의 3-0 승리로 패권이 바뀌게 됐다. 아시아 최강은 한국이다"라고 극찬하며, '백지선 호'를 조명했다.

백지선 감독은 한국계 최초로 NHL 무대를 밟은 인물이다. 아이스하키는 용기와 배짱으로 하는 것이라는 신념으로, 동양인으로서 작은 체구의 악조건을 극복했다고 한다. 그의 뛰어난 지도력이 아니었다면 우리 국가대표 아이스하키 팀은 자신들이 가지고 있는 능력을 찾지도 발휘하지도 못했을 것이다. 과연 이전과 같은 선수들이었나 싶은 놀라운 변화였다.

비단 아이스하키 팀만의 이야기일까. 세상에 얼마나 많은 사람들이 자신이 가진 능력을 제대로 발휘하지 못하면서 살고 있는지, 심지어 자기가 가진 능력이 무엇인지도 모른 채 살아가기도 한다.

인간의 능력이 유전이냐, 환경이냐는 닭이 먼저인지, 달걀이 먼저인지 하는 문제만큼 딜레마 깊은 문제다. 한쪽을 지지하자니 다른 한쪽의 도움 없이는 어렵고, 그렇다고 한쪽이 절대적인 경우도 드물다. 한 가지 확실한 것은, 최적의 환경을 제공하고 훌륭한 지도자가 이끌어준다면 선수든 학생이든 자신이 가진 유전자의 능력을 최대한 발휘할 수 있다는 사실이다.

앞에서 언급한 신문기사에는 국가대표 아이스하키 선수들의 라커룸 모습이 담긴 사진이 실려 있었는데, 룸 한가운데 천장에는 태극기가 매달려 있고 태극기를 중심으로 설치된 3개 면의 봉에는 선수들의 운동복이 열 맞춰 걸려 있었다. 사람 한 명 없는 빈 라커룸이었지만 뭔가 비장한 기운이 느껴지는 사진이었다. 그 사진만으로도 백 감독은 선수들이 체력과 기술을 높이기 전에 반드시 해야 할 일이 무엇인지 꿰뚫어 본 명장임을 알 수 있었다.

공부도 마찬가지다. 집이며 방은 잔뜩 어질러져 있고, TV 소리로 시끄러운 집에서 공부가 잘될 리 만무하다. 그러길 바라서도 안 된다. 항상 연구에 몰입한 나머지 책과 자료들이 무질서하게 아무렇게나 놓여 있었던 아인슈타인을 두고 지저분하고 흐트러진 환경에서 아이의 창의력이 자란다며 이야기하는데, 천재의 사례를 일반화할 수는 없다.

내가 아이 둘을 기르며 깨닫고 실천한 일 중 하나는, 공부는 정리정돈에서부터 시작해야 한다는 것이다. 특히 아이들 시험 기간이 다가오면 나는 집을 가장 깨끗하게 치우고 말끔하게 정리정돈했다. 아이가 최선을 다해 시험을 보고 온 날, 그 결과가 만족스럽든 그렇지 않든 다음 날의 시험을 위해 또다시 기운을 내야 할 때 무엇보다 깨끗한 환경은 절대적이고 기본적으로 갖춰져 있어야 한다.

토마는
판단해주는 아이

선생님의 지도 덕분에 바른 급식 습관을 갖게 된 토마는 차츰 체력도 생기고 학교생활도 즐거웠다. 나중에 알게 된 일인데, 초등 6학년 때 아이의 반에는 '토마교'가 있었다고 한다. 토마의 말에 수긍해주는 아이들이 많아서 그 무리가 마치 종교 집단과 같다고 하여 선생님께서 붙여주신 이름이라고 했다. 친구들 사이에 다툼이 있을 때 혹은 뭔가를 결정해야 할 때면 아이들은 토마를 찾아와 상담을 많이 했다고 한다. 그런 일들을 계기로 당시 토마는 나중에 커서 판사나 변호사가 되어야겠다고 생각했다고 한다. '판단해주는 아이'로 불리던 토마의 중학교 학생부에는 1학년 때의 장래희망이 변호사로 적혀 있다.

논리를 가지고 설득하는 능력은 그때부터 키워진 것인지 토마는 토론과 설득에 강한 면모를 보였다. 중고등학교를 다니면서 학급회장을 할 때나 동아리 회장을 할 때, 아이들을 논리적으로 설득해 의견을 모으는 일에 일가견이 있었다.

어떤 연구 업적을 쌓았다 하더라도 효과적으로 이를 설명하고 설득하는 능력은 매우 중요하다. 의과대학에서 전공과목에 토론 수업이 있었다. 디베이트^{debate} 식으로 두 팀이 주제에 대해 찬반 양론의 입장에서 토론을 하고, 토론을 지켜본 나머지 학생들이 투표로 승리 팀을 정하는 방식의 수업이라고 한다. 처음엔 학생이 학생을 평가하는 방식이라 불편했는지 수업 준비를 힘들어하던 토마는 시간이 지날수록 토론의 재미에 빠지는 것 같더니, 좋은 팀워크로 토마 팀의 승률이 꽤 높았다고 한다.

논리에 강한 이과생들이 법학 대학원에 진학해 변호사가 되어 활약하는 사례가 점점 늘어나고 있다. 격세지감이 느껴진다. 우리 아이들이 중고등학교 다닐 때만 해도 이공계 학생들이 법조계에서 일할 수 있을 거라고 생각하는 사람들이 많지 않았다. 과학고로 진로를 정하면서 중2 때 갑자기 공학도로 바뀐 장래희망이 입학사정관의 눈에는 감점 요인으로 작용하여 과학고 합격의 덫이 되었는가 했다.

부모가 반드시
학교 활동을 해야 할까

토마는 과학고 입시에 실패한 채 중학교를 졸업했다. 첫째인 로사에게 신경쓰느라 그랬나 싶어 절반은 내 책임인 것 같아서 토마에게 미안하고 내 마음도 괴로웠다. 토마가 고등학교에 입학한 뒤로는 엄마로서 내가 할 수 있는 한에서 학교 활동에 부지런히 참여했다. 시험 감독은 매번 나갔고, 아이가 학급회장을 하던

2, 3학년 때는 학부모 위원 활동도 했다.

학부모 위원은 한 학년에 10여 명 정도가 활동한다. 간혹 어머니가 학교 활동을 해야 하는지 궁금해하는 분들이 있다. 비교적 유리하다고 알려져 있는지 학교에 한 명뿐인 학부모 대표는 서로 하려고 해서 경쟁이 치열하다고 한다. 참으로 민감한 문제다. 망설이는 어머니들은 대부분 아이들이 학교에 오는 엄마를 불편한 시선으로 바라보기 때문일 것이다. 그 이유가 자신의 아이만 돋보이게 하려는 일부 어머니들의 모습에 실망하고 분노했기 때문은 아닌지 안타깝다. 그 점에서만 자유로울 수 있다면 나는 학부모 참여가 나쁘지 않다고 생각한다. 단, 학교의 요청이 있을 경우에 한해서다. 일부 학교에서는 아예 학부모의 학교 출입을 차단하기도 한다.

토마의 입시 결과가 좋았으니 결론적으로 내가 학부모 위원 등의 학교 활동을 한 것은 잘한 일인 것 같다. 결과는 과정을 정당화하니 말이다. 아이가 중학교 때는 학교는 아이만 다녔다. 과학고 입시에 실패하고 나서 내가 학교 활동을 안 한 게 패인은 아니었을까 하는 생각도 들었다. 그러나 나와는 반대의 경험을 한 어머니들도 있을 테니, 엄마가 학교 활동을 해야 하나 말아야 하나에 대해서는 정답이 없다. 다만 누군가 해야 할 일이라면 아이와 아이의 학교를 위해서 봉사하는 마음으로 해주면 좋겠다. 엄마의 학교 활동은 어떤 신념 때문에 거부할 일도, 그렇다고 아이에게 특별히 유리한 일도 아니다.

토마가 고등학교에 다닐 때 부산에서 직장을 다니는 어머니 한 분이 계셨다. 그분은 아이들 시험 때가 되면 상경해 반드시 하루는 시험 감독을 하셨다. 그 정성과 성의가 잔잔한 감동을 주었는데, 그 어머니 아이의 입시 결과가 대단히 좋았다. 과연 아이는 엄마의 사랑과 정성으로 크게 성장하는구나 하였다.

제대로 공부하려면
공부를 방해하는 요인부터 찾을 것

토마가 대치동으로 전학 왔을 때는 '겨우' 초등 3학년이었을 때다. 요즘은 워낙 학습을 시작하는 시기도 빨라져서 '겨우'라는 말에 언뜻 이해가 되지 않을 수도 있을 것이다. 아이들이 자라는 동안 '동생'이라는 이유로 토마는 누나인 로사를 위해 희생과 양보를 해야 하는 경우가 많았다. 어느 집이나 사정이 비슷한지 좋은 학교를 가기 위해서 필요한 조건 중에 하나가 '동생의 희생'이라는 우스갯소리가 있다.

로사가 대학에 진학하고 '이제 네가 희생할 차례다' 하고 농담처럼 얘기했는데, 토마가 고3이 되자 로사는 남몰래 동생을 위해 묵주 기도도 바치고 입시가 임박했을 땐 크게 웃는 것도 절제하고 행동반경도 넓히지 않는 근신하는 모습으로 동생을 응원했다고 한다. 나중에서야 이 이야기를 듣고 너무나 고맙고 남매의 우애가 뿌듯해 가슴이 뜨거워졌었다.

누나의 적절한 전학 시기에 맞춰 헐레벌떡 따라온 토마는 수학도, 영어도 선행학습이 전혀 안 된 상태였다. 그러고 보니 어디 마땅히 다닐 학원도 찾기 어려웠다. 일단 학교 수업에 처지지 않는 것을 목표로, 학교 공부를 따라가면서 구몬 수학, 사고력 수학을 따로 했다. 책을 많이 읽어서인지 토마는 깊은 사고의 가지를 뻗어가며 문제를 풀어가는 사고력 수학을 좋아했다. 사고력 학원에서 1등 한 날의 일기에는 '유레카는 나의 전공과목'이라는 말이 써 있었다. 미로와 같은 문제에서 길을 찾다가 마침내 출구를 발견하듯 해법을 찾는 사고력 수학을 그렇게 이름 지었는가 보다.

토마도 로사처럼 과학고를 희망하며 과학도 수학 못지않게 공부했다. 실험 학원을 다니다가 우연히 알게 된 스파르타식 과학 학원을 보냈는데, 그때의 일기에는 온통 그 학원에 대한 스트레스로 가득했다. 성과주의에 급급해 아이들을 위협적으로 가르쳤던 그 학원을 그리 오래 다니지 않은 것은 천만다행이었다. 10년이 지나서야 나는 비로소 토마의 무섭고 괴로웠던 마음을 알게 되었다. 그때는 왜 아이의 마음이 보이지 않았는지. 어르고 달래며 잠깐이라도 보냈던 그 기간조차 토마에게 미안하고 지워버리고 싶은 시간이다.

그때까지도 토마의 글씨는 엉망이었다. 지금 일기를 보니 선생님들께 죄송한 마음이 든다. 엄마도 아들의 글씨를 알아보기 힘든 정도인데 선생님들은 그걸 다 읽고 멘트까지 달아주셨다.

토마는 본래 왼손잡이인데 우리의 사회적 분위기에서는 오른손을 써야 한다는 아빠의 주장으로 필기는 오른손으로 하고 있었다. 그러다 보니 성장할수록 악필이 되어 자기가 쓴 글씨를 본인도 못 알아보는 지경에 이르렀다. 글씨를 잘 쓰게 하려고 붓글씨를 가르치는 한자 학원에 나도 같이 등록해 다녀보기도 했지만, 좋아졌다 다시 나빠지는 악순환이 되풀이되었다. 그러니 선생님들께 지적받는 일이 잦아지고 짜증도 많아졌다.

지금은 세상에 둘도 없이 다정한 남매지만, 그때는 아이들이 티격태격 싸우는 일도 많았다. 자식들의 불화는 부모에게 원인이 있다고 믿고 있던 나는 마음이 괴로웠다. 게다가 토마는 전학 올 때만 해도 비쩍 말라 걱정되었는데, 2년 사이에 비만을 걱정할 정도로 살도 많이 쪄 있었다. 토마에게 무슨 문제가 있는지 찬찬히 관찰해보았다. 아무래도 글씨 쓰는 것부터가 편하지 않으니 모든 게 꼬이고 뒤틀려 있는 것 같았다. 시간이 갈수록 글씨만 쓰는 오른손의 힘은 약해지고, 엉망인 글씨는 나아질 기미가 보이지 않았다.

5학년이 끝나갈 무렵 너무 늦지는 않았을까 걱정도 했지만,

더 늦기 전에 바로잡자 생각하고 쓰기를 과감히 왼손으로 바꿨다. 처음에는 어색하고 불편해서 도로 오른손을 쓰려는 토마에게 갖고 싶어 하는 게임기를 사주며 왼손쓰기를 시켰다. 불과 한 달이나 지났을까. 악력이 월등한 왼손으로 쓰기는 금방 익숙해진 것은 물론 '백조가 된 오리'처럼 토마의 글씨는 명필처럼 보일 정도였다. 노트가 정돈되어서였을까. 그 뒤로 토마의 학습은 탄력을 받아 성장에 가속도가 붙었다. 차분하고 성실한 체육과 학생을 소개받아 운동도 시켰다. 그러자 토마는 예쁘게 살도 빠졌고, 남매끼리 싸우는 일도 차츰 줄어들었다.

꼬였던 매듭이 풀린 것처럼 생활이 하나하나 안정을 찾아가면서 토마의 학습에도 숨어 있던 잠재력이 뿜어져 나왔다. 초등 6학년이 끝나갈 무렵 수학과 과학을 같이 평가해 선발하는 경원대 중등 수학 영재반에 합격했고, 중학교 입학 배치고사에서 수석을 차지하는 기염을 토했다. 중학교 1학년이 끝나갈 즈음에는 수학 영재원의 백미로 불리는 연세대 수학 영재원 선발에도 합격했다. 그동안 토마에게 쌓인 수학적 잠재력이 폭발하는 것 같았다. 그때 글씨 쓰는 손을 왼손으로 되돌리지 않았다면 지금의 성과가 가능했을까. 내 대답은 '아니오'다. 참으로 아찔하고 감사한 결정이었다.

아이가 꽤 오래 책상에 앉아 있는데도 성적이 오르지 않고, 공부 시간은 긴데 진득하니 책상에 앉아 있지 못하는 것 같다는 등 엄마들이 아이의 공부 습관 때문에 고민하는 경우가 많다. 그렇다면 무언가 공부를 방해하는 요인이 있을 수 있다. 그리고 그 요인은 아이의 성향을 가장 잘 파악하고 있고, 가장 가까이에서 아이를 지켜보는 부모가 찾아줘야 한다. 본인도 미처 깨닫지 못하는 문제가 부모의 눈에는 보일 수 있다. 아이를 닦달하고 몰아치기 전에 우리 아이의 공부를 방해하는 요인이 엉뚱한 데 있지는 않은지 유심히 살펴볼 일이다.

수월성 교육을
가능하게
해준
영재원

시험은 결과로 말하는 것,
엄마부터 준비하라

이사를 오고 얼마 뒤 로사의 수학 공부를 위해 이사 오기 전부
터 대치동 학원 중에 유일하게 알고 있었던 유명 경시학원을 찾
아갔다. 학원에는 동네 복덕방처럼 할아버님 몇 분이 앉아 계셨
다. 그때만 해도 대치동에는 시설은 열악하지만 특유의 배짱과
자부심으로 운영되는 학원이 꽤 있었다. 지금은 대치동 학원도
거대 자본이 지배하고 있어 시설이며 규모가 으리으리한 곳이
많지만, 그때는 작지만 큰 학원들이 대치동의 명성을 이어가고
있을 때였다.

대수, 조합, 기하, 정수 등 경시의 분야를 과목별로 깊이 있게 가르쳤던 그 학원도 그중에 한 곳이었는데, 포마드를 발라 머리를 깔끔하게 손질한 할아버지 한 분이 팔토시를 끼고 면사무소의 서기처럼 정갈한 펜글씨로 학원 등록증을 써주고 계셨다. 한 20년쯤 과거로 와 있는 것 같았다. 그렇게 원장님이 권하는 반으로 들어가 로사는 대치동에서 처음으로 학원에 다니기 시작했다. 반 이름은 '대수 상'. 선생님도 괴짜였는데, 엉뚱하게도 수업 시작 전에 한자 공부를 잠깐씩 시켰다. 연세가 지긋한 편이었는데, 목소리에 힘이 넘쳤던 선생님은 가만히 있어도 아이들이 무서워했다.

로사는 착한 맏이들이 대부분 그렇듯이 엄마가 시키는 건 반항 없이 열심히 했다. 그 당시 로사의 일기를 읽어보니 같은 반에 컨닝을 일삼는 6학년 남학생이 있었던가 보다. 시험을 볼 때면 선생님이 답지를 앞에 뒤집어두고 나가 있었는데, 그 아이가 "이를 거냐?"라며 매번 답지를 본 모양이다. 잔뜩 화가 나서, 이를 생각은 없었지만 "나보다 잘 보면 이를 거야" 했단다. 그 오빠가 나중에 정식 시험에서 답지를 볼 수 없을 땐 어떡하려고 그러는지 걱정된다며 일기장에 잔뜩 씩씩댔다. 엄마한테 말도 하지 않고 학교 안팎으로 갖은 상황에 대처해가며 로사는 스스로 단단해지고 있었다.

이후 로사는 다니던 수학 학원에서 교대 영재원 대비반을 만든다고 해서 들어갔다. 서울 교대 영재원은 초등 영재원 중에도 가장 수준이 높아서 아는 엄마들은 초등 저학년 때부터 대비하는 곳이었다. 5학년 때 전학을 왔으니 대비는커녕 나는 이름도 처음 들어본 곳이었다.

그런데 영재원 대비반 수업이 끝나는 시간은 밤 10시였다. 10시라는 시간은 참으로 한밤중으로 느껴질 때였다. 고민하는 내 모습을 보고 원장님은 경시 공부를 하면 그 정도는 아무것도 아니라며 공부의 강도가 상상을 초월할 것이라고 하셨다. 과연 얼마 지나지 않아 밤 10시는 아이에게 초저녁이 되었다. 그렇게 무엇이든 주어지면 열심히 하는 로사였지만, 교대 영재원 시험에는 떨어지고 말았다.

당시 그 학원 대비반에서는 가까스로 한 명이 합격해 체면을 세웠을 뿐 실적이 형편없었다. 경험이 전혀 없었던 선생님이 의욕만으로 덤벼든 참사였다. 알고 보니 교대 영재원을 대비할 곳은 따로 있었다. 나는 이미 대치동의 트렌드에 뒤져 있었던 것이다. 그렇게 잘못 끼워진 첫 단추는 로사가 대학에 들어갈 때까지 아이를 힘들게 했다. 정보전에도 실패한 총체적 실패였다.

그때의 충격은 엄마인 내가 더 컸다. 이후 나는 좀 더 비장해졌다. 주변을 돌아보니 일찍부터 공부를 시킨 엄마들은 한마디로 '올인'이었다. 심지어 수학여행도 안 보내고 공부를 시키기도 했다. 시험이든 입시든 결과로 말하는 것이라는 걸 그때 뼈저리

게 깨닫고 나도 서서히 올인을 연습하기 시작했다. 아이에게 중요한 시험이 코앞인 때는 집안의 대소사 참가는 남편에게 부탁하고 아이 곁을 지켰다. 그렇게 큰며느리로서 도리를 다 하지 못해 항상 죄송했는데, 말씀 없이 나를 믿어주신 시부모님께 더할 수 없는 기쁨과 사랑을 안겨드릴 수 있어서 다행이었다.

돌이켜보면 나는 아이들의 작은 실패나 잘못에 대해 절대로 관대하지 않았던 것 같다. 그렇다고 아이를 닦달하고 호통을 치는 방식은 아니었다. 다만 그 실패나 잘못을 반복하지 않도록 힘썼다. 학교에서 이루어지는 수행평가나 쪽지시험이라도 결과가 좋을 수 있도록 부족하면 연습과 훈련을 시키는 식이다.

나는 요즘 문화센터에서 스포츠댄스를 아주 재미있게 배우고 있다. 가끔 엄마를 따라오는 초등학생들이 있는데, 가끔씩 와서 그런지 순서도 동작도 엉망으로 하는 경우가 많다. 그런 모습을 보면서 나는 아이들이 무엇을 제대로 하지 못하는 것을 그대로 방치하거나 '언젠가 좋아지겠지' 하는 안일한 마음을 갖지 않았던 기억이 떠오른다. 무언가를 배우고 있다면 잘하는 것이 보기에 좋다. 최소한 낮은 성취에 대해 부끄럽게 생각할 수 있어야 하고, 스스로가 만족하는 기준을 최대한 높게 잡는 자세가 필요하다.

눈이 부신 성공을 거두고도 그저 운이 좋았다고 말하는 사람들이 있다. 아무도 그저 운이 좋았을 거라고는 생각하지 않겠지만, 보통 사람들은 상상하기도 어려운 남다른 노력이 그분들의 눈높이에서는 당연히 해야 하는 수고에 지나지 않는 경우가 대부분이다. 스스로를 절제하고 자신에 대해 높은 기준을 세우며 혹독하게 노력을 기울여온 분들의 겸허한 모습이 참으로 아름답다.

작은 것을 대충 하는 아이가 그보다 중요하고 큰 거라고 해서 제대로 할 것이라 생각하지 않는다. 아이에게 보다 큰 성취를 기대하는 부모라면 작은 수행 하나라도 완벽하게 하는 습관을 들여줘야 한다.

영재원을 준비하면서
스스로 커가는 아이

교대 영재원은 못 다니게 되었지만 그 수학 학원은 계속해서 다녔다. 선생님이 아이들을 닦달하며 가르치는 것도 아니었는데, 로사는 그 학원을 꾸준히 다니면서 학교에서도 수학이 꽤 월등한 수준의 반열에 오르게 되었다. 학원에서는 공부하던 학교에서 공부 잘하기로 유명한 학생을 추월할 정도로 실력이 빠르게 늘었다.

얼마 지나지 않아 아이들 사이에서 수학을 잘하는 아이로 통하게 된 로사는 친구들과도 잘 지냈다. 6학년 2학기에는 학급회장으로 당선되었다. 아이들이 투표로 뽑아준 것이었다. 대치동에 들어온 지 1년 반 만의 일이었다. 토마도 같은 시기에 학급 부회장이 되어 그때 우리 집의 행복지수는 최고치에 달했다. 엄마들이 아이들을 키우면서 얻는 큰 기쁨 중에 하나가 아이들이 학교에서 학급 임원이 되는 것이다. 새 학기가 시작되는 3월과 9월, 전국의 초, 중, 고교 부근에서 얼굴 가득 뿌듯함과 자부심 넘쳐 보이는 엄마들을 보았다면 그 엄마의 아이가 학교에서 회장이나 부회장이 되었을 가능성이 크다.

성적도 꾸준히 상승세를 타서 학교 대표(2명)로 강남교육청 영재원 선발고사를 보게 되었다. 워낙 수준이 높은 지역이라 학교 대표 되기가 영재원 선발보다 어려웠다. 대표 2명이 모두 교육청 영재원에 합격했다. 로사가 떨어졌던 교대 영재원 출신의 아이들 몇몇도 그곳에서 만났다.

아이들 중에는 일찌감치 두각을 나타냈다가 점점 빛을 잃어가는 경우가 많다. 뒤늦게 혜성처럼 나타나는 경우도 있지만 후자 쪽은 거의 보지 못했다. 그 아이들에게 영재성이 떨어졌다기보다는 지속하는 힘이 약했다고 보는 편이 맞을 것이다. 일단 공부를 시작하는 순간부터 공부는 강도가 점점 강해져야만 같은 수준의 성취를 이룰 수 있다. 각 단계의 최상위권은 상급학교로 갈수록 가파르게 줄어드는 피라미드 구조이기 때문이다.

너무 어린 나이에 공부에 과부화를 넣어서는 안 되는 이유가 여기에 있다.

그동안 보물상자에 간직되어 온 로사의 일기장을 꺼내 읽던 중 영재원 시험을 치르기 몇 달 전의 일기에서 주목할 만한 내용이 있어 옮겨본다.

2006년 6월 7일 수요일

제목: 시험 볼 때의 마음가짐

우리는 살면서 크고 작은 시험을 많이 치른다. 그리고 때로 그 시험은 인생에 많은 영향을 준다. 따라서 시험을 볼 때는 바른 몸가짐을 가져야 한다. 시험을 볼 때 컨닝이나 답 고치기를 밥 먹듯이 하는 사람이 있다. 이런 사람들은 시험 볼 때의 마음가짐이 얼마나 중요한지 잘 모른다. 시험을 볼 때는 마음을 새로이 해야 한다. 또 그 마음은 시험 시간이 종료될 때까지 유지되어야 한다. '마음이 바르면 몸도 바르다'는 말이 있다. 마음이 바르면 몸이 바르게 되고 시험을 볼 때의 예절을 지키게 된다. 그래서 틀리더라도 양심을 지키는 것이 중요하다.(…)

나는 가르친 기억이 없는데 아이는 이 진리를 어떻게 알아냈을까. 내가 키웠다고 생각했던 아이는 이렇게 스스로 크고 있었다.

영재원을
꼭 준비해야 할까

누나와 비슷한 방식으로 공부한 토마도 6학년 때 중등 영재원 시험을 보았다. 경원대 중등 수학 영재원은 입학시험으로 수학, 과학을 평가했다. 시험 당일 시험장에 일찍 도착했는데 입실이 가능했다. 토마의 수험 번호를 확인하고 자리를 보니 하필 히터 바로 옆자리였다. 더운 바람이 쏟아져 나오고 있어서 내가 슬며시 꺼버렸다. 시험이 11월에 있었던 것으로 기억하는데 그다지 춥지는 않았다. 조금 있자 감독관이 들어와 학부모들을 나가게 했다.

시험을 볼 때 예상치 못한 복병 때문에 아이들이 제 실력을 발휘하지 못할 때가 있다. 로사가 한국수학올림피아드(KMO) 2차 시험을 볼 때 에어컨 앞에서 달달 떨며 시험을 망쳤던 기억이 있어서 여름에 시험을 보러 갈 때는 여분의 긴소매 옷을 꼭 챙겼다. 그날 토마도 히터가 계속 켜진 상태에서 시험을 봤다면 아마도 실력을 발휘하기 어려웠을 것이다. 그날 서둘러 시험장에 도착한 것은 천만다행이었다.

토마는 경원대 영재원에 합격하고, 매주 토요일 즐겁게 수업을 받으러 다녔다. 여름에는 캠프도 열렸는데, 조별로 과제를 풀면서 열띤 창의력과 사고력의 장을 펼치기도 했다. 중학교 1학년이 끝나갈 무렵에는 연세대 영재원 시험을 쳤는데, 예상치 못하게 합격했다. 워낙 수준이 높은 곳이라 기대를 못 했는데 반갑고도 내심 놀라웠다. 워낙 똑똑하고 야무진 누나에 비해 엉성해 보였던 토마는 집에서 다소 과소평가되어 있었던 것이다.

그때부터 토마의 높은 성취는 이미 예고되었던 듯하다. 연세대 수학 영재원 수업은 심화 그 자체였다. 토마는 두 곳의 영재원을 수료하는 동안 심화 수업에 익숙해지고, 심층적인 내용을 즐기게 되었다. 이런 학습 습관은 고등학교의 학습 태도에도 이어져 여러 과목의 많은 학습량을 어렵지 않게 소화할 수 있었다.

수학 경시를 하다 보니 자연스럽게 관심을 갖고 도전했던 영재원이 최근 초등학생들 사이에서 열풍이 불고 있다고 한다. 우리 아이들이 영재원에 들어간 약 10년 전에 비해 5배나 증가한 인원이 영재 교육을 받고 있다고 하니 영재라는 말이 다소 무색해진다. 사실 주변을 돌아보면 로사나 토마의 영재원 동창들이 과학고, 영재고를 거쳐 최상위권 의대나 이공계에 진학하는 등 좋은 성과를 내고 있다. 똑똑한 친구들이라 사회에 나가서도 한몫을 단단히 할 인재들이다.

영재 교육의 열풍은 정부 정책도 한몫 했다. 정부에서 주도해 영재 교육 확대에 앞장섰기 때문이다. 최근의 신문 보도에 의하면, 현재 초중고 학생 중 1.81%에 해당하는 11만여 명이 영재

교육을 받고 있다고 한다. 한 교육부 관계자는 "우리나라가 세계 10위권의 경제대국이 되면서 영재 교육은 피할 수 없는 과제가 되었다"라며 "개발도상국 시절에는 평균을 올리기 위해 집단교육을 했지만, 이제는 상하위 3% 아이들의 수준에 맞는 교육이이뤄져야 국가 발전에 이바지할 인재를 기를 수 있다"라고 영재교육의 필요성에 대해 설명하고 있다.

이처럼 정부 차원에서 영재 교육에 열을 올리고 있는 상황이다 보니 초등학교에 입학하기도 전에 영재원을 준비하는 부모들이 있다고 한다. 우리 아이들은 둘 다 초등학교 6학년 때 시험을봐서 중등 과정 영재원을 다녔다. 대입까지는 갈 길이 먼데 너무일찍부터 힘을 빼는 건 아닌가 걱정이 된다. 영재원 수료증이 특목고나 최상위 대학 입학을 보증하지는 않는다. 실제로 영재원두 곳을 수료한 토마는 영재고는 물론 과학고에서도 고배를 마셨다. 다만 영재원을 다닐 정도의 우수성이 대입에서 저력을 발휘해준 것은 고마운 일이었다. 목표와 수단을 구별하는 부모의지혜가 필요해 보인다.

국가의 계획을 미리 알고 행동한 건 아니었지만, 수월성 교육을 추구하는 것은 언제나 내가 아이 교육을 시키는 데 있어 최우선의 과제였다. '20대80 법칙'이 있다. 1896년 이탈리아의 경제학자 파레토Pareto는 80%의 이탈리아 땅이 20%의 인구에 의해 소유되고 있다는 사실을 밝힌다. 시간이 지나면서 이론의 적용 범위가 어마어마하게 넓다는 것이 알려지고, 조셉 주란^{Joseph} ^{Juran}이 이 이론을 경영학에 가져온다. 그중에서 가장 유명한 것은 20%의 고객에게서 80%의 매출이 일어난다는 이론이다. '파레토 법칙'은 인간 생활의 거대한 패턴을 밝힌 이론이다.

한 재미있는 파레토 실험이 생물계에서도 이루어졌다. 먹이를 나르는 개미 떼를 관찰해보니 20% 정도만 부지런히 일하고 있었다. 이 부지런한 일개미 20%를 모아놓으니 다시 그중의 20%만이 부지런히 일했다. 어느 우수한 집단에서도 파레토의 법칙은 예외 없이 적용된다. 이왕이면 우수한 집단에서 20% 이내에 들면 좋고, 설사 그렇지 못하더라도 가장 우수한 집단에서 80%라도 되어야 한다는 것이 나의 바람이었다.

영재원에서 만나 같이 공부한 각 학교의 우수한 학생들은 과학고나 대학교에서 또다시 만나게 된다. 우수한 집단에 아이를 몰아넣는 것은 언제나 내가 추구하는 교육의 목표다. 아이의 잠재력과 한계치가 업그레이드되는 것은 물론이고 편견과 달리 자신의 일에 매진하는 인재들은 인성도 훌륭한 경우가 많기 때문이다.

창의력은 어떻게
만들어지는 것인가

많은 사람들이 '영재' 하면 떠올리는 능력이 아마도 '창의력' 아닐까 한다. 새로운 무언가를 생각해내는 힘, 창의력을 영재의 능력과 따로 떼어 생각하긴 힘들다. 그렇다면 영재를 판별하는 이 창의력은 어떻게 생기는 것일까?

결론적으로 말하면 창의력도 훈련에 의해 만들어지는 것이다. 많은 사람들이 오해하는 것처럼 창의력은 어느 날 갑자기 하늘에서 뚝 떨어지듯 창조된 능력이 아니다. 자유롭게 뛰놀다 보면 자연스럽게 생기는 능력은 더더욱 아니다. 기본기가 갖춰진 이후에 비로소 발휘될 수 있는 것이 창의력이다. '모방은 창조의 어머니'라는 말도 이 맥락에서 이해가 된다. 모방할 정도의 실력이 되어야 창조도 가능하다.

이는 아이들이 영재원을 다니는 모습을 보면서 깨닫게 된 사실이기도 하다. 주변을 둘러보면 꾸준히 계산 연습을 하면서 기하, 조합, 정수, 대수 등의 정통 수학 실력을 키운 학생들의 영재원 합격률이 높았다. 수학 실력과 창의력, 사고력은 높은 수준에서 일치하는 경향이 있다.

얼마 전 KBS에서 기획한 〈창의인재 프로젝트 생각의 집〉은 각 분야의 석학으로 구성된 교수진과 높은 경쟁률을 통과한 엄선된 수강생들이 참여하고 있다. 생각의 집 건명원은 가장 핵심적인 학습 방법으로 '암기'를 강조한다. 암기야말로 사람을 진정한 배움의 경지로 이끄는 소중한 길이라고 믿기 때문이다. 건명원 원장인 서강대 최진석 교수는 암기를 "의미의 무늬^{pattern}를 뇌에 새기는 작업"이라고 했다.

건명원의 교육 방식은 암기 위주의 주입식 교육이 학생들의 창의력과 사고력을 파괴한다는 일부 교육학자들의 의견을 정면으로 반박하는 것이어서 신선한 충격을 주었다. 내가 아이들을 키우면서 절대적으로 공감하고 지지하는 교육 방식이기도 해서 더욱 반가웠다. 암기는 엄청난 지적 훈련이다. 지성이 응축된 텍스트의 암기를 통해 텍스트를 만든 학자의 정신까지 고스란히 흡수할 수 있는 것이다. 암기와 반복적인 훈련, 그 후에 비로소 만들어지는 것이 창의력이다.

영재원 준비 가이드

우리 아이들의 경우 중등 영재원을 준비하기 위해 영재원 대비 학원을 다녔다. 그곳에서는 영재 판별 문제로 많이 이용되는 사고력 수학을 주로 연습시켰다. 영재를 판별하는 조건으로는 흔히 지능, 창의력, 과제집착력 등을 꼽는다. 여기에서 지능을 제외한 다른 조건은 훈련에 의해 개발되고 성장한다. 같은 조건이라면 비교적 지능이 높은 학생이 다른 능력도 빠르게 성장하는 것은 물론이다.

그런데 영재원을 대비할 때나 특목고 입시나 대학 입시에서 공통적으로 나타나는 의미 있는 현상이 있다. 강자는 뒤늦게 현장에 뛰어든다는 사실이다. '뒤늦게'라면 입시가 치러지는 시기를 기준으로 약 두 달 정도 이전을 말한다. 그야말로 실전 연습의 시간에 비로소 그 모습을 드러낸다는 뜻이다. 진정한 영재들이 그렇고, 확실한 특목고 합격권의 학생들이나 수능 고득점이 예상되는 재수생들이 그렇다.

이런 현상을 뒤집어 생각해보면 성공을 위해서는 실전 연습보다 중요한 게 있다는 말이 된다. 바로 끊임없이 '기본기'를 다져 튼튼한 실력을 쌓는 일이다. 수학으로 말하자면 계산 능력을 비롯한 기하, 조합, 정수, 대수 등의 정통적인 수학 실력을 키우는 것을 의미한다. 과학도 '하이탑' 등의 기본 교재를 완벽히 익히는 것이 실전에서도 큰 힘을 발휘한다.

로사와 토마는 모두 수학 영재원을 다녔는데, 지금은 과학은 물론 예체능 분야 등 다양하게 영재원이 운영되고 있다. 우리 아이들이 다닐 때는 수학과 과학, 정보 분야의 영재원이 있었다. 로사와 토마의 경우 비교적 수학을 어렵지 않게 받아들였기 때문에 과학보다 다소 평가 수준이 높았던 수학 분과를 지원했다.

수학은 모든 과학의 기초이기 때문에 깊이 있게 공부하다 보면 과학도 어렵지 않게 접근할 수 있다. 로사가 초등 4학년 때부터 토마가 고등학교를 졸업할 때까지 10여 년 동안 과학 잡지를 꾸준히 정기 구독했다. 아이들은 공부하는 틈틈이 매달 배달되는 잡지를 읽었다. 과학도라면 저널을 가까이하면서 과학의 동향을 살피는 일은 매우 중요하다. 어느 분야보다도 발전 속도가 빠르기 때문이다. 가능하다면 원서로 읽을 수 있으면 금상첨화다.

컴퓨터에 흥미를 보이는 아이라면 정보 영재원을 준비하는 것도 좋겠다. 아이들이 영재원을 준비할 때를 생각해보면 정보영재교육 쪽이 수학이나 과학영재 교육에 비해 상대적으로 입지가 약했던 것으로 기억된다. 우리나라가 인공지능 분야 기술이 뒤떨어졌다는 뉴스를 보면서 그런 영향도 있지 않았나 싶다. 알파고 충격으로 인공지능에 대한 관심이 높아지면서 우리나라에도 어린 학생들 사이에 코딩(coding, 모든 컴퓨터적 사고체계. 추상 알고리즘을 특정한 프로그래밍 언어를 이용해 구체적인 컴퓨터 프로그램으로 구현하는 기술) 열풍이 불고 있다고 한다. 컴퓨터 프로그래밍이야말로 대체할 수 없는 미래의 교육과 산업의 핵심 키워드가 될 듯하다.

로사의 과학고 동창 중에 기억에 남는 한 학생이 있다. 여느 과학고 학생과는 다른 모습으로 공부하던 그 학생은 정보 분야의 탁월한 영재였다. 고등학교에 들어올 무렵, 집이 천안으로 이사 가는 바람에 학교 다니는 내내 일주일에 한 번씩 서울과 천안을 오가는 고된 생활을 이어갔다. 그 학생은 학원을 다닐 시간도 없어 보였고, 필요도 못 느끼는 것 같았다. 결국 조기졸업에는 실패하고 3학년에 남게 되었는데, 졸업식에 사복을 입고 학교에 찾아와 졸업하는 친구들을 축하해주던 심성 고운 모습이 인상적인 학생이었다. 그리고 이듬해 사이버국방학과에 진학해서 컴퓨터 프로그래밍 분야에서 놀라운 스펙을 쌓아가며 승승장구하고 있다. 그 학생의 미래가 사뭇 기대된다.

나는 그다지 실패를 찬양하는 사람이 아니다. '실패는 성공의 어머니'라는 말도 인정하고 싶지 않았다. 되도록 경험하지 않아도 좋은 게 실패라고 믿고 있었다. 최선을 다한 사람은 그 아픔이 어떤 것인지 알기 때문에 더욱 피하고 싶은 것이 실패다.

이런 출구도 없이 닫혀 있던 나의 마음에 한 줄기 빛과 같은 말씀을 해주신 분이 계셨다. 교대 영재원 시험을 볼 때 교수님 한 분이 학부모들에게 해주신 말씀이었다. "진정한 영재성은 성공과 실패를 거듭하면서 단단하게 완성되는 것"이라는 말씀이었다. 옳은 말이다. 입시라는 큰 열매를 거둘 때까지 아이들은 크고 작은 실패와 성공을 거듭하며 앞으로 나아간다. '끝날 때까지는 끝난 게 아니다.'

올림피아드는
할 수 있느냐
없느냐의
문제

상위권과 최상위권을
나누는 기준은 수학의 깊이

원하는 목표를 이루기 위해서 상위권의 학생은 최상위권으로 도약해야 한다. 그런데 상위권과 최상위권을 나누는 기준은 아무래도 '수학의 깊이'가 좌우하기 마련이다. 수학은 새로운 것을 배울 능력을 키우는 데 가장 적합한 학문이다. 깊은 사고력을 요구하기 때문이다. 따라서 대학은 입시에서 어떤 형태로든 학생의 수학 실력을 평가하려고 한다.

수학은 경시 공부를 통해 실력을 키우는 것이 가장 확실한 방법이다. 경시야말로 가장 심화된 수학이기 때문에 자연스럽게 사고력과 학업 능력이 높아지게 된다. 단, 특별한 경우를 제외하고 경시 공부는 중학교 때까지로 끝내야 한다. 고등 수학 경시는 과학고, 영재고에서도 특별한 학생들이 한다. 자신이 고등 수학 경시를 할 수 있을지 없을지는 본인이 더 잘 알게 된다. 따라서 한국수학올림피아드(KMO)를 비롯해 사설 경시대회에 참가해보는 것도 중학생 때로 끝내는 것이 좋다.

고등학생을 대상으로 하는 경시대회는 대학별 주최 수학 경시대회를 비롯해 사설 경시대회도 많이 있지만, 입시에 아주 큰 도움은 안 된다. 수상해도 학생부에 기재가 안 될뿐더러 해당 대학에서 주최하는 경시대회에서 수상을 해도 입시에 반영되기를 기대하긴 어렵다. 고등학생 때는 꼭 필요한 것만 공부하기에도 시간이 부족한데, 굳이 일요일에 시간 내서 도움 안 되는 시험을 보러 다닐 필요가 없다고 본다.

수학 경시는 혼자 공부하기 쉽지 않다. 경시 학원에서 비슷한 실력의 학생들이 모여서 함께 공부하는 것이 좋다. 아이들은 선생님한테만 배우는 것이 아니다. 똑똑한 학생들이 어떻게 문제를 푸는지 보면서 자극도 받고 경쟁도 하면서 실력을 키우는 것이 좋다.

특히 따라갈 수 있는 아이라면 윗 학년들과 함께 공부시키면 아이에게 더할 수 없는 성장의 기회가 된다. 모래주머니를 다리에 매달고 달리기 연습을 하는 것에 비유할 만큼 탄탄한 공부 체력이 생긴다. 윗 학년들과 같이 공부를 하다 보면 할 때는 힘들어도 자기 학년의 공부는 모래주머니를 떼고 달리는 것처럼 쉽고 빠르게, 그래서 우월하게 달려갈 수 있다. 과장을 조금 보태자면, 그냥 앉아만 있어도 그 수업에서 가장 많이 얻어가는 학생은 가장 나이 어린 학생이다.

로사는 초등학교 때부터 수학 학원에서는 윗 학년들과 같이 수업을 듣는 경우가 많았다. 그때는 일부러 그랬던 것은 아니고 다니던 학원의 시스템이 그랬다. 수업 내용이 어차피 교과서와는 상관없는 내용이라 굳이 학년을 구분하지 않았고, 2~3학년 정도 차이나는 학생들이 한 교실에서 수업을 받았다.

이런 식의 공부는 로사가 중학교 3학년이 되기 전까지 계속되었다. 수학 경시 공부를 하는 여학생은 많지 않아서 학원 수업 때 여학생은 로사를 포함해 한 반에 2~3명이 고작이었다. 그렇게 공부하다 보니 여중을 다녔던 로사는 교내에서 수학과 과학이 우월했다. 괴롭기도 했을 텐데 로사는 윗 학년들과 같이 배우는 것을 잘 견뎠다. 여학생이 없는 것도 크게 개의치 않았다.

"공부도 잘할 수 있는 힘이 있어야 한다." 동아일보와 진학사 청소년교육연구소는 공부를 잘할 수 있는 잠재력이 학생의 인성과 환경 요소와 밀접하게 연관된다고 보고 이를 '공부력'으로 명명했다. 운동선수에게 기초체력이 중요한 것처럼 공부를 잘하려는 학생에게는 성실성, 스트레스 대처 능력, 학습 자신감 등의

'공부력'이 중요하다고 했다. 공부력은 앞으로 공부를 잘할 수 있는 잠재력을 의미한다.

　로사와 토마의 공부력은 어땠을까를 생각해보면 성실함은 그들의 무기였고, 무엇보다 스트레스를 대처하는 능력이 뛰어났다. 그다지 잡생각에 시달리지 않았고, 친구들의 성과를 크게 신경 쓰지 않는 모습이었다. 사실 입시와 공부는 결국 경쟁이다. 그런데 그 경쟁이 남과 비교하면서 이루어지다 보면 불필요한 감정이 소모되고, 그게 스트레스가 되어 공부의 집중과 효율을 방해하게 된다.

　경쟁의 대상을 자기 자신에게로 한정하면 좀 더 편안한 마음으로, 그러나 효율과 성과를 높이면서 공부를 할 수 있게 된다. 지난 학기 자신의 성적과 경쟁하고, 지난번 자신의 모의고사 점수와 경쟁하는 것이다. 오랫동안 입시 일선에서 일해온 분들은 "착한 아이들이 잘된다"라는 말을 한다. 입시에 성공하는 '착한 아이'란 결국 자기 자신 외에는 누구를 경쟁 대상으로 보지 않는 아이라고도 말할 수 있다.

수학에 집중하고
또 집중했던 시간들

내가 아이들을 키우면서 가장 잘한 일이 무엇이었냐고 묻는 분이 있었다. 이제 대학생이 된 아이들의 학교생활에 가장 영향을 끼치는 건 물론 '악기'다. 대학생이 된 로사와 토마가 악기를 통해 학교생활을 풍요롭게 해나가는 것을 볼 때면 내가 가장 잘한 일은 아이들에게 악기를 가르친 것이라고 말하고 싶다. 하지만 그 질문을 한 분이 진심으로 궁금해하고, 알고 싶어 하는 것은 학습적인 부분일 테니 그에 대한 답을 드리자면 그것은 '수학'이었다.

로사가 과학고에 진학하고 만만치 않았던 내신을 석권할 수 있었던 것, 뒤늦게 시작한 화학 올림피아드에서 높은 성과를 이루어낸 것은 수학 실력이 뒷받침되지 않았더라면 이룰 수 없는 것들이었다. 토마가 교내 상을 전교에서 가장 많이 받을 수 있었던 것, 수학과 과학에서 탁월한 성적을 받을 수 있었던 것도 오랜 시간 공들여 쌓아올린 수학 실력이 아니었다면 불가능했을 일이었다.

그렇다고 '수학이다'라고 선뜻 답을 하지 못하는 것은 그 아쉬움이 너무 크기 때문이다. 아이들이 거머쥔 결과는 잘못했다간 내 불찰로 그르칠 뻔한 일을 아이들이 혼신의 힘을 다해 스스로의 도움으로 받아낸 하늘의 응답과도 같은 것이었다. 혹시라도 내가 대치동을 호령하며 필요하다면 언제든지 유명 강사에게 아이들을 가르칠 수 있는, 그런 능력 있는 엄마였을 거라고 상상하셨다면 오산이다. 남편은 나를 외유내강형이라 하지만, 사실 겉도 속도 강하지 못해서 나는 항상 아이들을 힘들게 해왔다.

과학고를 지망하는 학생들이 수학 경시를 하는 일은 자연스런 일이다. 그리고 상급 학년으로 올라갈수록 수학 경시는 '하느냐 마느냐'의 문제라기보다는 '할 수 있느냐 할 수 없느냐'의 문제로 남는다. 중등 경시보다 3배 어려워진다는 고등 경시는 사실 가르칠 수 있는 선생님도 많지 않은 정도다.

이렇듯 수학의 높은 경지인 올림피아드는 배우는 학생도, 가르치는 선생님도, 경영하는 학원도, 공부를 시키는 엄마도 자부심이 남달랐다. 공부가 깊어갈수록 좋은 결과를 얻기 위해서는 엄마의 수단도 필요함을 나는 어렴풋이 깨닫게 되었다. 대수, 정수, 기하, 조합의 네 분야를 평가하는 올림피아드에서 부족한 과목은 전문 선생님을 찾아 소규모 그룹 수업으로 보충해가면서 점수를 올리는 식이었다. 나는 도무지 그런 능력이 안 되었고, 그런 능력 있는 분을 알지도 못했다.

아이가 경시를 준비하기 시작한 때는 서울로 전학을 온 초등학교 5학년 때였는데, 이미 대치동의 선두 그룹에서는 멀어도 한참 멀었던 시점이었다. 차라리 모르는 게 약이었을까. 나는 대치동의 선두 그룹에서는 얼마나 치열하게 공부하고 있는지도 모른 채 이미 트렌드에 뒤진 학원만 열심히 보내고 있었다. 중학생이 되어 경시 준비생들이 대거 몰리는 학원으로 갔을 때는 이미 늦은 감이 있었다. 그것이 무슨 의미인가 하면 아무리 발버둥을 쳐도 우리 아이에겐 고급 반에서 실력 있는 선생님에게 배울 기회가 주어지지 않는다는 뜻이었다. 그 반에서 공부하면 로사도 곧 따라갈 수 있을 게 분명했지만, 대치동 학원의 시스템은 수준별이다. 특히 우수한 학생이 대거 몰리는 인기 학원에서는 고급 반도 학생들이 넘쳤다.

학원을 옮겨봐야 뾰족한 수도 없었을 것 같아 울며 겨자 먹기로 아이를 보냈다. 결국 내 불길한 예감대로 시작과 끝은 평행선 달리기였다. 고생한 시간과 노력에 비해 높은 실력은 절대 쌓을 수 없었던 구조에서 경시를 끝냈다. 과학고에 진학해서는 수학 경시를 계속하는 것은 승산이 없다고 판단하고 화학으로 전공을 바꿨다.

화학은 경시 준비가 가능한 물리, 화학, 생명과학 중 로사가 가장 흥미 있어 했던 과목이었다. 과학고 학생이나 학부모라면 쉽게 이해되는 일이지만, 왜 굳이 과학 경시를 해야 했는가에 대한 의문을 갖는 분들이 있을 것이다. 과학고는 특수 목적고다. 국가의 미래 과학을 이끌어나갈 인재를 양성한다는 특수한 목적을 띤 학교이기 때문에 그곳에 입학한 이상 학생은 자신의 특기를 드러낼 수 있어야 한다. 수학이나 과학 한 과목을 심층적으로 공부하여 올림피아드와 교내 경시 및 시, 도 경시 등에서 자신의 실력을 증명받는 일은 과학고 학생에게 무엇보다 의미 있는 일이다.

살 수만 있다면
사서라도 해야 하는 고생

그 선택은 옳았다. 수학 경시를 그만두고 화학으로 전공을 바꾼 뒤 로사는 좋은 결과를 만들어냈다. 하지만 그 과정 또한 결코 순탄치 않았다.

고등학교 1학년 5월, 중간고사를 전교 1등으로 마치고 로사는 그다음으로 넘어야 할 큰 산인 화학 올림피아드 여름학교 입교자 선발전을 치렀다. 일이 안 되려고 그랬는지 시험 당일 거리응원 준비로 길이 막혀 시험 시작 직전에 겨우 헐레벌떡 도착했다. 그날의 교훈으로 이후부터 나는 시험이 있는 날이면 '시험 시작 1시간 전 도착'을 원칙으로 세우고 철저히 지켰다.

결과는 불합격이었다. 그해부터 수상제에서 계절학교 입교 대상자 선발제로 바뀐 화학 올림피아드에 다소 혼란이 있었다. 기회가 다시없는 것은 아니었다. 겨울학교 입교 대상자를 뽑는 시험이 여름방학 직후에 있었다. 그러나 여름학교 입교 대상자들과 같이 경쟁해야 하니 승률이 너무 낮아 여름학교에 입교하지 못한 학생들은 대부분 포기하는 분위기였다. 담임선생님께서도 과학전람회 등 다른 스펙을 준비해보자고 하셨지만, 나는 그동안 화학 공부에 쏟은 시간과 아이의 노력이 너무 아까웠다. 로사의 실력도 부족하지 않았기 때문에 나는 로사가 하면 될 것 같았다. 나중에 알고 보니 고1 여름학교 입교 대상자는 대부분 중등화학 올림피아드에서 금상을 수상한 학생들이었다. 로사는 중등화학 올림피아드 성적이 전무했다.

로사는 그해 여름 내내 화학 공부에 빠져 지냈다. 학교 화학 선생님께서 주신 일반화학 책을 매일 밤늦도록 꼼꼼히 꼭꼭 씹어 익혔다. "방학 끝나고 검사할 거야." 책을 주시며 이 한마디만 하셨는데, 로사에게 스승이란 그런 존재였다.

결국 로사는 패자부활전에서 극적으로 부활해 고1부 화학 겨울학교에 입교했고, 그 이후 고2부 여름학교를 거쳐 겨울학교 입교 대상자로 선발된 상태에서 입시를 치렀다. 여성 과학자를 양성한다는 취지로 국가 대표 중 1명은 여학생을 선발하는 규정이 있었는데, 국가대표를 선발하는 고2부 겨울학교 입교 대상자 중 여학생은 로사를 포함해 4명이 남아 있었다. 고등학생이 되어서야 시작한 올림피아드로 이만 한 성과를 내기는 쉽지 않았기 때문에 아이의 저력에 많은 관계자분들이 놀라워했다.

계절학교는 입교해서 퇴교할 때까지 2주간 대학교 기숙사에

머문다. 전국의 화학 선수들이 모여 대학교수에게 이론과 실험을 배우고 익히며 평가를 받는다. 한국은 역대 국제 화학 올림피아드 대회의 강대국이다. 참가자 전원이 금메달을 받는 일이 많다. 지도교수님의 말씀에 따르면, 고2부 겨울 계절학교 입교 대상자들은 모두 세계대회에서 금메달을 받을 수 있는 실력이라고 했다. 로사는 고2부 겨울 계절학교가 시작되기 전에 진학을 선택했고, 계절학교에는 입교하지 않았다. 예과 1학년을 마치고 뉴욕 주립대에 교환학생으로 갔을 때 화학 과목에서 최고점을 받았는데, 과연 올림피아드 공부를 한 한국 학생들의 화학 실력은 예사롭지 않은 듯했다.

계절학교에 입교했다는 데 대한 엄마의 들뜬 기분과 달리 그곳에 있는 동안 아이는 하루하루가 떨리고 무서웠다고 했다. 매일 반복되는 수업, 평가, 실험을 통해 결국 일정수를 떨어뜨리기 때문에 항상 긴장의 끈을 놓을 수 없는 강행군이었다. 나는 명색이 과학고를 다니는데 계절학교도 들어가 봐야지 하며 기쁘고 자랑스럽게만 생각했는데, 아이는 그 안에서 매일매일 힘겹게 보냈다고 하니 마음이 너무 아팠다.

예전에 읽은 교육서 중에서 로사와 비슷한 사례가 있었다. 저자의 딸도 로사가 들어갔던 화학 계절학교에 입교하는 대목이 있었다. 그런데 그 딸이 어느 날 엄마한테 전화해서 화학이 너무 어렵다고 엉엉 울었다는 이야기였다. 그 여학생도 나중에 의대에 입학했다고 했다. 계절학교라는 곳을 가지 않았더라면 겪지 않아도 되는 고통들이다. 그러나 그런 엄청난 압박을 이겨내고 성취를 이루어내는 그 환희와 행복은 또한 아무나 가질 수 있는 것도 아니다. 살 수만 있다면 사서라도 해야 하는 고생이다. 그 고생을 했는데 결과가 좋아서 다행이었다.

예전에는 길에서 지체가 부자연스러운 분들이 구걸하는 모습을 보면 놀라며 내 뒤로 숨어버리던 로사는 이제 제법 의학도로서 질병의 발생기전을 이해하고 병자의 고통에 공감하는 의학도의 모습을 보인다. 이런 변화된 아이의 모습을 보면서 교육은 사람을 참으로 고귀하게 만든다는 생각을 하게 된다.

로사에게 찾아온
심층 수학의 시련

부실하게 미완성으로 끝낸 경시 수학이 결국 입시에서 아이의 발목을 잡았다. 내신과 화학 올림피아드 성적이 완벽했으므로 서류는 걱정 없었는데, 수학 심층이 너무 어려웠다. 더구나 쟁쟁한 영재고 3학년 학생들과 경쟁해야 하는 부담이 컸다. 입시는 시운時運이 있어야 한다는 말이 있다. 매년 크고 작은 변화를 주는 전형 때문이다. 로사가 입시를 치르고 난 다음해부터 없어진 심층평가가 그걸 설명한다.

로사가 대입을 준비할 때 극상위권의 우수한 학생들이 몰리는 최상위권 의과대학에서는 심층 수학이라는 고난이도 수학 평가를 실시했다. 선생님들의 표현에 의하면 "세계에서 가장 어려운 수학 문제"로 웬만한 고등학생들은 건드리기도 어려운 문제들이 출제되었다.

로사는 심층 수학 준비를 너무나 힘들어했다. 적절한 시기에 적절한 수준을 달성하지 못한 후유증이었다. 시험을 코앞에 두고 심층 수학을 준비해주는 학원을 다니던 로사는 어느 날 학원에서 집으로 돌아오는 차 안에서 갑자기 흐느껴 울기 시작했다. 깜짝 놀란 내가 왜 우느냐고 했더니 수학이 너무 어렵다는 것이었다. 지금까지는 외워서 했는데 더 이상은 못 하겠다며 흐느꼈다.

나는 내심 올 것이 오고야 말았구나 하면서도 애써 태연하게 "몰랐어? 수학은 암기 과목이야. 수학 공식을 암기도 않고 누가 날로 수학 문제를 풀겠니. 너만 그런 거 아냐"라고 말했다. 나는 더 이상 어떤 말도 아이에겐 위로가 되지 않는다는 걸 알았다. 조금 뒤 진정한 아이에게 나는 양사언의 시조 한 수를 읊어주었다.

"태산이 높다 하되 하늘 아래 뫼이로다.

오르고 또 오르면 못 오를 리 없건마는

사람이 제 아니 오르고 뫼만 높다 하더라."

로사는 말도 안 되는 엄마의 논리를 반박하기보다 자장가 같은 엄마의 시조 읊는 소리를 조용히 듣고만 있었다. 아무 말도 없이 생각에 잠겨 있던 로사는 한결 안정을 되찾았다. 그때 차 안에서 참았던 고통을 밖으로 표출한 것만으로도 로사에게는 커다란 안정이 되었던지 그 후 아이는 다시 공부에 매진할 수 있었다.

입시를 위해 달려야 하는 길고 긴 마라톤에서 아이들은 누구나 한 번쯤은 좌절을 경험하고, 힘들어서 도중에 포기하고 도망가 버리고 싶은 충동에 시달리기도 한다. 그럴 때 누군가는 단단하게 아이와 함께 버텨주어야 한다. 서두르지 않고 동요하지 않는 엄마의 자세는 무엇보다 아이에게 큰 힘이 된다. 엄마의 동공이 흔들리면 아이의 마음에는 이미 지진이 일어난다.

그렇게 힘들어하며 고군분투하던 로사가 수학 심층고사 중 최고의 난이도를 자랑하는 연세대 의대에 합격한 것은 감격 그 자체였다. 합격자 발표 날 마침, 친척 결혼식에 가시려고 올라오신 시부모님께 안방을 내드리고 남편과 나는 건넌방에서 밤새 뒤척였다. 사람이 너무 기뻐도 잠을 이룰 수 없다는 사실을 나는 그때 알았다.

올림피아드가 과열 양상을 보이자, 교육 당국은 외부 수상 실적을 학생부에 기재하는 것을 금지한다며 열기를 다소 진정시켰다. 그러나 이전에 비해 가치가 훨씬 축소되었음에도 불구하고 올림피아드가 계속되는 것은 많은 경우 입시에서 그 이유를 찾을 수 있다. 수학을 잘하는 학생은 단연 입시에서 유리한 고지를 선점한다. 특히 이과 최상위권이 선호하는 의대 입시에 매우 유리하게 작용하며, 실제로 수학의 고수들이 의대에 많이 진학한다.

그런데 수학만 잘해서는 안 되는 게 또 입시다. 올림피아드를 공부했던 최상위권 학생들은 수시를 노릴 가능성이 큰데, 1차로 학생부를 평가하는 경우가 대부분이고 논술 전형이라 해도 수능 최저 등급을 만족해야 한다. 수능을 잘 봐서 정시를 노리겠다면 더더욱 전 과목을 고르게 고득점해야 한다는 뜻이다.

지속하는 힘의
엄청난
시너지 효과

보통 사람을 특별하게

만드는 특별한 습관

아이 둘을 키우면서 아이의 상황이나 입시에 맞춰 도움될 만한
책을 찾아 읽는 것은 내가 중요하게 해왔던 일이다. 얼마 전 신
문의 북리뷰 란에서 눈에 띄는 책 제목을 발견했다. 고바야시 다
다아키의《보통 사람의 인생을 특별하게 만드는 지속하는 힘》이
었다. 제목만 봐도 무엇을 말하는 책인지 알 수 있었다. 내가 평
소 절실하게 느끼고 있던 내용이었기 때문이다.

간혹 엄마들 중에는 아이가 어느 분야에 재능이 있을지 몰라
이것저것 다 시켜본다는 분들이 있다. 혹은 이미 형편없는 결과

를 받고도 "사람은 누구나 한때가 있다"라며 여전히 근거 없는 희망의 끈을 잡고 있는 분들도 있다. 아무것도 하지 않은 채 말이다.

세상에 특별하게 태어난 사람은 많지 않다. 다만 특별한 습관이 특별한 사람을 만드는 것이다. 아무것도 하지 않으면 아무 일도 일어나지 않는다. 복권도 사야 당첨이 된다.

그렇다면 보통 사람을 특별하게 만드는 특별한 습관은 무엇일까? 지난 10년간 매일 15분이라도 지속적으로 해온 일이 있는가? 10년이 아니라면 5년 아니 3년 혹은 1년이라도? 많은 이들이 점점 작아지는 자신의 모습을 발견할 것이다.

어떤 일을 오랫동안 꾸준히 지속한다는 것은 결코 쉬운 일이 아니다. 그러나 일단 꾸준히 실천한다면 그때의 시너지는 엄청나다. 아이에게 어떤 재능이 있을지 찾아 헤매다 많은 부모들은 아이가 그 어떤 하나를 꾸준히 지속함으로써 그 결과 어떤 성과를 이룰 수 있었던 기회를 빼앗아 버리게 된다. 그 누구라도 할 수 있는 일이었기에 더욱 안타깝다.

'낭중지추囊中之錐'라는 말이 있다. 날카로운 송곳은 주머니 속에서도 날카롭다는 말로, 뛰어난 사람은 어디서든 눈에 띈다는 뜻이다. 천부적인 재능이란 바로 그런 것이다. 그런 재능이 흔할 리도 없고, 재능 올 기대하기보다는 무언가를 지속적으로 할 때 오히려 성공할 가능성이 더욱 커진다.

내가 두 아이를 키우며 내린 결론은 비록 공부에 왕도가 있을 지라도 그것이 꾸준함을 이기지는 못한다는 사실이다. 지속하는 힘이야말로 승리의 여신이요 성공의 열쇠다. 문제는 방법이 아니라 실천이다.

자투리 시간을 이용해
꾸준히 지속적으로 하는 패턴을 만든다

로사와 토마가 초등학교 때 쓴 6년치의 읽기를 읽다 보니 큰 감정의 굴곡이 없고 잔잔하고 평화로운 일상이 느껴져서 흐뭇했다. 그런데 그 평화로운 일상 안에서 뚜렷하게 반복되는 패턴이 있었다. 잠들기 전 15분, 아침에 일어나서 밥 먹기 전 10분, 엄마가 성당에 가 있는 동안, 학교가 예고 없이 일찍 끝나서 갑자기 생긴 한 시간. 아이 둘이 이런 자투리 시간을 이용해 무언가를 지속적으로 하는 패턴이다. 그것은 바로 '학습지'였다.

로사와 토마는 구몬 학습지와 윤선생 영어, 재능교육, 튼튼영어 등 학습지를 애용했다. 학습지는 매일의 학습 분량이 정해져 있는 것이 특징이다. 학원 오가는 시간이 들지 않고, 학습자 스스로의 연습과 훈련으로 진행되는 만큼 시간 대비 학습효과가 매우 뛰어나다. 단, 밀리지 않고 꾸준히 지속적으로 한다는 조건하에서다.

지속하는 습관을 기르는 데 학습지는 꽤 적절한 도구가 된다. 엄마는 아이들이 학습지를 이용해 과목별 실력은 물론 공부에 반드시 필요한 규칙적인 습관도 기를 수 있도록 부지런하고 엄격하게 관리를 해야 한다.

엄마는 힘이 세다. 본인은 하지 못하는 것도 아이들을 하게 만들 수가 있다. 내가 바로 그런 경우였다. 내가 나를 재촉해 어떤 일을 해내는 데는 의지도 약하고 게으르면서 아이들을 하게 만드는 데는 그렇게 부지런하고 혹독했다. 히딩크 같은 명감독도 명선수는 아니었다지 않은가. 가끔 자신의 유전자나 학벌이 보잘것없다고 지레 위축되어 있는 학부모님들을 보게 된다. 내가 존경하는 인생 선배님의 지론은 "길에 지나가는 아이들의 70%가 시키면 된다"다.

아이들은 스스로 하기 어려운 일도 상을 받기 위해 혹은 벌을 면하기 위해 억지로라도 하게 된다. 반강제적으로라도 꾸준히 하다 보면 언젠가는 안 하면 허전하고, 찾아서라도 하고 싶어지는 습관으로 굳어진다. 이제 목적지의 반은 온 것이다.

아이 둘이 초등학교 입학 전후로 시작한 구몬 수학은 대치동에 와서도 한동안 계속했으니 5년 이상은 꾸준히 했다. 양 조절도 가능해서 어느 때는 욕심내어 문제지를 많이 받기도 하고, 버거우면 좀 줄이기도 하면서 할 수 있는 만큼 했다. 그 덕분이었는지 로사도, 토마도 수학 연산에서 애를 먹지는 않았다.

로사는 5세 때부터 2년간 원어민 유치원을 다니면서 영어를 배우기 시작했다. 학교에 가기 전 한 해 정도는 유치원을 다녀야 할 것 같아 7세 때는 가까운 유치원을 보냈다. 유치원을 마치고 영어 학원을 좀 다녀보기도 했지만 낭비되는 시간이 많은 것 같아 집에서 윤선생 영어를 했다. 학원보다 나았다. 매년 윤선생 영어에서 주최하는 대규모의 듣기, 말하기 평가 대회에 나가 지역상을 타기도 했다. 영어든 수학이든 시험은 아이에게 발전의 계기가 된다.

꾸준히 영어를 접했던 로사는 초등 4학년 때부터 선생님께 양해를 구하고 하루 건너씩 영어일기를 썼다. 영어로 멘트를 해야 하냐며 살짝 엄살을 부리시던 선생님은 흔쾌히 허락하시곤 관심 있게 읽어주셨다. 멘트는 한글로 달아주셨다.

4학년 때 학교에서 영어 말하기 대회가 있었다. 나는 그때 영어회화 학원을 다니고 있었는데, 원어민 선생님께 같이 나가는 아이들의 발음 교정을 부탁했다. 엄마들이 비록 작은 수고라도 아이의 학교 과제나 활동에 관심을 갖고 도움을 주면 아이들은 엄마 수고의 몇십 배 혹은 그 이상의 성과를 내는 일을 나는 자주 경험했다. 그렇게 준비한 영어 말하기 대회에서 로사는 수상자 대표로 교장선생님께 상을 받았다.

대치동에 입성하니 수준 높은 영어 학원이 즐비했고, 그야말로 영어 학습의 천국이었다. 로사가 다니는 영어 학원은 숙제로 내주는 단어 암기량이 엄청 많았는데, 나는 로사를 학원까지 데려다주며 걸어가는 동안 단어 외우는 일을 돕기도 했다. 그때는 대치동 거리에서 심심찮게 볼 수 있는 광경이었다. 학원 원장님은 나같이 아이 옆에서 단어를 외우게 하는 엄마들을 "아름다운 어머니의 모습"이라며 엄마들의 극성에 부채질을 했다. 참으로 진풍경에 꿈보다 해몽이었다.

로사는 중2 여름방학 즈음에 외국에 몇 년씩 살다 온 아이들도 입학시험에 떨어지는 영어 학원을 내신성적으로 다닐 수 있게 되었다. 학원에 등록하고 교재를 받아오면서 로사도 그 학원을 다닐 수 있게 된 것이 너무 좋아서 날아갈 것 같았다. 하지만 얼마 지나지 않아 수학과 과학을 공부하기도 버거워 결국 영어는 다시 학습지로 돌아갔다.

고등학교 입시가 다가오면서는 학습지를 할 시간도 없었다. 매일 꾸준히 영어 오디오북을 듣는 것으로 실력을 유지했다. 그런데 꾸준히 하다 보니 유지하는 정도를 뛰어넘어 눈부신 실력으로 자라게 되었다. 오디오북은 눈으로 읽는 것에 비해 처음의 속도는 터무니없이 느리지만, 느린 속도라도 들으면서 계속 읽다 보면 결국 눈으로만 읽는 것보다 많은 양을 볼 수 있게 된나. 잠들기 전에 침대에 누워서 30분 정도의 시간을 내어 꾸준히 읽는 것만으로도 그 효과는 컸다.

로사는 꽤 많은 오디오북을 읽었다. 특히 〈프린세스 다이어리〉 시리즈는 재밌다면서 몇 번씩 반복해서 들었다. 이렇게 학습지나 오디오북으로 쌓은 실력만으로도 고등학교에서 별 어려움 없이 최상위권을 유지했다. 같은 기간에 학원을 다녔다 해도 그 이상으로 수준을 높이기는 어려웠을 것이다.

지속하는 힘이야말로
우리 아이들이 가진 가장 큰 능력

과학고를 떨어지고 일반고에 가게 된 토마에게는 과학고 입시를 준비하면서 수학, 과학에 집중하다 보니 상대적으로 소홀했던 국어와 영어가 큰일이었다. 국어는 특히 낯설었다. 현대시 강좌부터 시작하는 예비 고1 국어 강좌가 학원마다 개설되어 있었다. 몇 군데를 알아보다 적당한 곳을 골라 다니기 시작했다.

토마는 국어를 재미있어 했다. 현대시 한 편을 나에게 설명해주는데, 우리가 학교 다닐 때 배웠던 순수시와는 전혀 다른 난해한 내용의 시라 고등학생들의 수준이 이 정도인가 싶어 놀랐다. 중학교 때까지 국어 과목은 교과서 이외의 공부를 따로 해본 적이 없었다. 하지만 토마는 그 시를 나에게 설명할 정도로 잘 이해하고 있었다. 이과 최상위권을 괴롭히는 국어는 수능을 준비할 때까지도 많은 시간을 들이며 긴장하고 공부했던 과목이었다.

국어 학원을 선택하는 데는 어려움이 없었는데, 영어는 학교별로 조금씩 차이가 있었다. H학교는 A학원 이런 식이었다. 대치동에서도 명문 고등학교라고 이름난 곳은 학원에서도 특급대우를 해주었다. 토마가 다니던 학교는 학원에서 대우받는 학교가 아니었다. 학원 다니는 것마저 서러웠다. 그런데 영어 학원만큼은 토마의 학교를 비중 있게 다루는 곳이 있었다. 토마의 학교 근처에 있다가 나중에 대치동 한복판으로 규모를 넓혀 옮겨 간 학원이었다. 모든 강좌가 원장님 직강으로 이루어지는, 대치동에서도 좀 독특한 학원이었다.

토마는 그 학원을 수능 직전 종강할 때까지 3년을 꼬박 다녔다. 강남이라는 지역 특성상 아이들의 영어 수준이 높아 영어 내신은 늘 고민이었다. 다행히 그런 상황을 알고 있었기에 긴장하며 꼼꼼히 공부한 덕분에 3년간 1등급을 유지할 수 있었다. 대치동에서는 고등학교를 다니며 내신 공부를 하는 것만으로도 자기도 모르는 사이에 영어 실력이 좋아진다. 오랜 외국 생활로 영어를 잘하는 학생들도 많고, 사교육 환경이 잘 갖춰져 있다 보니 전반적인 영어 수준이 높아 영어 내신 공부에도 꽤 공을 들이기 때문이다.

토마는 영어 학원에서 3년 내내 다닌 학생에게 주는 금반지를 받았다. 학교 시험에서 1등급을 받으면 주는 상품권도 매번 챙겼고, 자체 영어 수능 모의고사에서 성적이 우수한 학생에게 주는 상품권도 항상 받았다. 학원에서 만들어준 명함도 받았다. 아이의 성실함을 늘 칭찬해주셨던 선생님은 토마의 서울대 합격 소식에 같이 기뻐해주셨다.

대치동에서 한 학원을 2, 3년 꾸준히 다니는 경우는 흔치 않다. 그런데 그렇게 꾸준히 다닌 학생치고 결과가 안 좋은 경우 또한 흔하지 않다. 한 우물을 파다 보면 언젠가는 물을 얻을 수 있다. 지속하는 힘이야말로 우리 아이들이 가진 가장 큰 능력이다.

지속하는 습관을 방해하는 것들: 사춘기 이겨내기

겨우 다잡아놓은 지속하는 습관이 어느 날 아이에게 찾아온 사춘기로 브레이크가 걸리는 날에는 참으로 난감한 일이 발생한다. 방황했던 기간만큼 아이 인생의 시간표가 뒤로 미루어질 우려가 있기 때문이다. 입시는 아이를 기다려주지 않는다. 제때에 만족한 성과를 내고 끝내면 좋으련만, 아이의 집중력과 지속력이 떨어지면 뒤늦게 만회해야 할 시간과 비용, 에너지 낭비가 커지게 된다.

아이들의 사춘기나 일탈을 어떻게 막았느냐는 질문을 받을 때면 나는 우스갯소리로 "다른 생각이 나지 않도록 애들을 정신없이 바쁘게 만들었다"라고 답한다. 사실 농담이 아니라 우리 아이들은 본격적으로 공부를 시작하면서 학업량이 엄청나서 그 양을 주어진 시간에 다 채우기에도 바빴다. 다행히 적절한 성취까지 따라줘서 나중에는 그 성취욕이 부모도 못 말릴 정도로 높아져 특별히 방황하고 힘들어했던 기억이 없다. 사실 잠자는 시간도 부족했던 두 아이들에겐 사춘기를 겪을 여유도 없었다. 많은 엄마들이 궁금해하는 부분이지만 솔직히 직접적인 경험이 없어 진정성 있는 조언을 드리기가 어렵다. 그럼에도 두 아이를 키우면서 내 나름대로 느끼고 깨달은 것은 이야기해볼 수 있다.

공부에 맛 들여서 습관처럼 잘하고 있다면 다행이지만, 간혹 뜻하지 않게 역량도 충분한 아이들이 어떤 이유에서건 슬럼프에 빠지는 경우가 있다. 예전에 TV에서 본 어느 훌륭한 어머니의 사연이 감동적이었다. 갑자기 돌아가신 아버지의 빈자리로 아이가 잘못될까 봐 어머니는 매일 아이와 볼링을 치러 다녔다고 한다. 어머니가 생계를 책임지며 직장을 다니는 와중에도 매일 아이와 함께 땀 흘리며 운동을 했더니 아이가 바르게 잘 커주었다는 이야기였다.

마음이 어수선할 때 그 마음을 다스리는 가장 좋은 방법은 몸을 혹사하는 것이다. 운동이든 노동이든 몸이 고되면 불필요한 생각은 지워버릴 수가 있다. 아이들도 마찬가지다. 땀을 흠뻑 흘리며 운동을 하고 나면 정신이 맑아져 한결 공부에 집중하기가 수월하다. 연주할 수 있는 악기가 있다면 역시 많은 도움이 된다. 내가 아는 한 학생은 고3 때까지도 좋아하는 바이올린 레슨을 계속 받았는데, 그게 오히려 정서적 안정감을 주어 입시 성과도 좋았다.

부모 이외에 아이가 따르고 신뢰할 수 있는 선생님이나 선배의 조언도 아이를 변화시키는 데 큰 영향을 줄 수 있다. 할 수 있는 인간적인 노력을 다 해보고, 그래도 아이가 제자리를 찾지 못한다면 아이를 위해 엄마가 할 수 있는 일은 기도밖에 없다. 입시에서 늦어진 1, 2년이 훗날에 어떤 식으로든 만회되길 간절히 기도하는 수밖에….

고등학생 때
가장 많이
읽어야 할 책은
'교과서'

대학에 들어가기 위해 가장 우선적으로
갖춰야 하는 것은 교과 지식

학생부종합전형이 입시의 트렌드를 이끌고 있다. 교과 외에 비교과 활동도 평가 대상이 되다 보니 학생의 독서 이력에 대한 관심이 많다. 책을 많이 읽었다는 것은 언제나 자랑스러운 일이다. 대학도 책을 많이 읽은 학생을 환영한다. 책을 많이 읽은 학생은 생각하는 힘도 커져 있기 때문이다. 또 엄청난 학습량을 충분히 소화할 수 있는 능력과 새로운 지식을 배울 수 있는 능력이 이미 갖춰져 있기도 하다.

그런데 그 책은 가능하면 고등학생이 되기 이전에 많이 읽은 책이어야 한다. 고등학생이 되어서는 사실 책을 많이 읽을 시간이 없다. 특히 입시에 성공해서 좋은 학교를 가고자 하는 학생들에게는 더욱 그렇다. 고등학생 때 가장 많이 읽어야 할 책은 교과서이기 때문이다. 독서의 중요성이 아무리 클지라도 대학에 들어가기 위해 가장 우선적으로 갖춰야 하는 것은 교과 지식이라는 것을 언제나 잊지 말아야 한다.

아파트 신축 현장을 근처에서 오랫동안 지켜보면 신기한 일이 있다. 공사를 시작한다고 어수선하면서 계속 땅만 파고 변화가 없는 것 같더니 어느 날 고층 아파트가 뚝딱 세워진다. 공부가 쌓이는 것도 건물을 쌓아 올리는 것과 흡사하다. 공부를 하는 데도 구조물을 지탱할 수 있도록 단단히 기반을 다지는 기나긴 기초공사 기간이 필요하다. 그 기초공사에 해당하는 기간이 영유아기를 거쳐 초등학교를 지나 대략 중학교 때까지다.

중학교 때까지 그저 평범했던 학생이 고등학교에 가서 갑자기 두각을 나타내는 경우가 간혹 있다. 이런 아이들의 경우 학습을 위한 기초공사가 튼튼했고, 그 기간이 좀 길었다고 보면 된다. 고등학교 3년은 이제 건물을 한 층 한 층 올려야 하는 시기다. 교과와 비교과에서 탁월한 성과를 내기 위한 준비에도 시간이 넉넉하지 않다. 고등학생이 되어 부랴부랴 책을 읽고 독서력을 기르기엔 역부족이다.

최근 〈중앙일보〉는 2016년 서울대 수시 합격생 82명(특목, 자

사고, 일반고 포함)을 분석 조사한 결과를 보도했다. 그중 고등학교 3년 동안 학생들의 독서 활동에 대해 살펴보니 조사 대상 82명 중 책을 가장 많이 읽은 학생의 권수는 95권, 최저는 11권이었다. 비록 서울대 수시합격생 전체 인원(2,286명)에 비하면 너무 적은 표본이어서 의미 있는 숫자인지는 별개의 문제라 하더라도 최고와 최저의 폭이 꽤 커 보인다. 책을 읽은 권수가 입시의 당락을 좌우하는 것은 아니라는 것을 추정해볼 수 있다. 그 학생들의 면면이 어떤지는 알 수 없으나 단언할 수 있는 사실이 있다. 그 학생의 독서 이력이 교과나 다른 비교과 활동에서 어떤 모순과 불일치를 찾아볼 수 없는 조화를 이루었을 것이라는 사실이다.

가끔 목소리를 높여 입시만을 위한 공부를 운운하며 마치 입시 공부가 무슨 범죄라도 되는 듯 말하는 분들이 있다. 주입식으로 교육하고 기계적으로 암기한다는 비난이다. 그러나 최근의 입시는 그렇게 단편적이지 않다. 고차원의 방정식이 된 지 오래다.

무엇보다 입시는 교과서에서 시작된다. 교과서는 우리 사회의 최고 지성들이 모여 만든 집단지능의 결정체다. 그 교과서를 수차례 정독하고 열심히 공부해야 성공할 수 있는 입시 공부는 아이를 한 단계 그게 높은 곳으로 도약시키는 성장의 계기가 된다.

엄마의 독서가
아이에게 미치는 영향

"책 속에 진리가 있다." 너무나 유명한 말이다. 그러나 실천하기 전에는 이해하기 어려운 말이기도 하다. 책에는 훌륭한 조언들이 가득하니 당연히 그 안에 진리가 있으리라 짐작할 뿐이다. 나이가 들면서 고전을 읽어보면 예전엔 보이지 않던 책 속의 진리가 그제야 눈에 들어오는 것을 생각하면 조금은 이해가 된다.

그러나 책 속에서 진리를 얻으려면 필수적으로 선행되어야 할 일이 있다. 바로 '다독'이다. 오래된 베스트셀러인 《성경》조차 5번을 정독하기 전에는 그 진리를 제대로 이해하기 어렵다고 한다. 독서가로 유명한 투자의 귀재 워렌 버핏의 독서량은 깜짝 놀랄 정도다. 11세에 이미 동네 도서관의 책을 다 읽었다는 버핏은 지금도 일주일에 약 35권의 책을 읽는다고 한다. 이쯤 되면 진리가 무엇을 의미하는지 감이 오기 시작한다.

버핏이 어마어마한 부를 축적할 수 있었던 힘은 바로 어마어마한 독서량에서 그 이유를 찾을 수 있다. 버핏이 증명한 것처럼 책 속에 돈이 있다는 사실이 알려지면서 많은 기업들이 사원들에게 책을 읽도록 하고 있다. 버핏만큼은 아니더라도 주위를 둘러보면 사회적으로 성공한 사람들의 공통점은 책을 많이 읽는다는 것이다. 그것도 보통 사람의 대여섯 배는 되는 양의 책을 읽는다. 그러기에 성공은 그들을 비켜 가기가 힘들다. 그러다 보니 아이들에게 억지로라도 책을 읽히고 싶은 게 부모의 마음이다. 그런데 혹시 부모들은 TV나 스마트폰을 보면서 아이에겐 책을 읽으라고 말하고 있지 않은지 궁금하다.

로사가 대학에 들어간 후 토마의 중학교 동창 엄마들을 주축으로 북클럽이 만들어졌다. 한 달에 한 번 모여 책을 읽고 이야기를 나누는 모임이었다. 회원들이 돌아가며 책을 추천하는 방식으로 진행되었는데, 내 차례가 되면 나는 문학을 선택했다. 책은 역시 고전이라는 생각 때문이었다.

그런데 내가 밤을 새워 탐독하는 책들은 따로 있었다. 바로 교육서였다. 아이들이 본격적으로 공부를 시작하면서 읽기 시작한 교육서는 내겐 신선한 충격이었다. 그렇게 재미있고 유익할 수가 없었다. 닥치는 대로 읽다 보니 개중에는 다만 자기만족에 지나지 않는 책들도 있었지만, 대부분은 진솔하게 정성을 다해 자신과 아이의 경험을 차곡차곡 풀어놓는 것이어서 아이들의 상황에 의미 있는 대목이라면 바로 적용해보면서 그 책을 내 것으로 만들어갔다. 경험을 풀어놓은 책들은 이렇게 실질적으로 도움이 되고, 여러 권을 읽다 보면 책에 따라서 부분적으로 응용해 내게 맞는 최선의 조합을 만들어볼 수도 있었다.

그런데 최근의 교육서들을 보면 직접적인 경험이 묻어나는 책들보다는 교육에 관한 지침서들이 주류를 이루는 것 같다. 지침이라는 것이 너무 많다 보면 아이에게 큰 혼란만 주게 된다. 엄마가 설명회를 다녀와서 이것저것 두서없이 아이에게 정보를 늘어놓는 것과 같은 혼란이다. 과하면 부족함만 못하고, 확실하지 않은 정보는 오히려 알지 않음만 못하다. 지침이라면 가장 중요하고 정확한 한 가지로 족하리라.

로사와 토마가 모두 입시에서 빛나는 성과를 거두자, 주위의 많은 사람들이 도대체 비결이 뭐냐고 물었다. 나도 그 이유를 정확히 알 수가 없어서 겸손인지 오만인지 모를 "어쩌다 그랬어요" 하고 대답하곤 했다. 그런데 무엇을 어쩌다 그랬는지가 어느 날 문득 떠올랐다. 나는 여느 학부모들에 비해 많은 양의 교육서를 읽었다. 아마도 공부 좀 시켰다는 엄마들이 읽었다는 책의 권수에 비해 대여섯 배는 읽지 않았을까 싶다. 그리고 그게 우리 아이들의 입시를 성공적으로 이끈 결정적인 역할을 했다는 강한 확신이 든다. 수많은 책을 읽으며 간접경험을 하면서 나도 모르는 사이에 갖추게 된 교육과 입시에 관한 지혜, 그리고 그 지혜로 키우고 이끈 우리 아이들이 멋지게 이루어낸 성취였다.

어머니들이여, 부디 많이 읽고 실천하시라. 책 속에 진리가 있나니.

사교육
똑똑하게
시키기

입시는 최단시간에
끝낼 것

우리 아이들의 입시 결과를 듣고는 대뜸 "얼마 들었어요?" 하고 묻는 분이 있었다. 그 정도의 성과라면 꽤 많은 돈이 들지 않았을까 지레짐작하는 것 같았다. 또 재수까지 하면서 많은 비용을 들이고 최선을 다했다고 생각했는데, 결과가 좋지 않으니 본인이나 아이들이 아닌 다른 이유를 찾아 위안받고 싶은 마음이었나 보다.

교육에 돈이 들어가는 것은 사실이다. 배움의 상아탑을 쌓기는 현실적으로 쉽지 않은 일이다. 그런데 무리한 교육비용을 들이면서 아이에게 그보다 더 무거운 부담을 지워서는 안 된다는 원칙은 불문율이다.

공부의 역량은 무엇보다 정서적인 안정감으로부터 발휘되는 것이다. 지금은 우리 기성세대가 자랄 때처럼 공부로 투자대비 효과를 크게 기대할 수 있는 시대도 아니다. 집안의 돈을 다 끌어다가 자신을 공부시켜 주길 바라는 아이도 없다. 집안을 일으켜야 한다는 부담이 아니라 오직 자신의 행복한 성취와 밝은 미래를 위해 공부할 수 있어야 한다.

아이가 잘하면 잘할수록 경쟁 그룹도 업그레이드된다. 우리 아이들의 공부 수준이 높았던 만큼 선생님들도 높은 수준에서 찾았다. 적지 않은 교육비가 들어갔지만, 다행히 입시는 아이 둘 다 최단시간에 끝냈다. 로사는 과학고에서 2년 만에, 토마는 일반고에서 3년 만에 만족한 입시의 결과를 얻었다.

공부가 비용만 들인다고 되는 것은 아니지만, 어느 날 갑자기 기울어버린 집안 사정으로 아이의 성적마저 기울어버리는 사례가 종종 발생한다. 부모로서는 참으로 가슴 아픈 일이다. 한치 앞의 일을 알 수 없는 것이 사람의 일이다. 어렸을 때 좀 혹독하다 싶을 정도로 공부력을 키워주는 일은 그래서 더욱 중요하다. 운동이나 악기 훈련, 독서, 규칙적인 생활 습관 등을 통해 단단하게 갖춘 정신의 힘은 학원 몇 군데를 그만둔다고 해서 쉽게 흔들리지 않을 것이기 때문이다.

로사가 경기도 초등학교에서 영재학급에 합격하고 공부를 어떻게 시켜야 할지 고민하던 때 나는 인생의 사부를 만나게 되었다. 자녀분들이 수재 중에 수재들이었고, 무엇보다 그분은 내가 만난 어떤 엄마들보다 똑똑한 분이었다. 교육 환경이 서울에 비해 많이 부족한 곳이었지만, 본인이 학원 선생님들을 지도해가며 아이들을 교육시켰다. 과연 엄마가 확실히 알고 주도적으로 이끈 교육의 성과는 눈부셨다. 로사도 그렇게 시키면 된다며 자녀들을 지도했던 학원 선생님도 소개시켜 주시고, 로사보다 한 학년 위 여학생도 소개시켜 주어 한동안 같이 수학, 영어 등을 배웠다.

로사는 얼만큼 할 수 있을까? 수영을 끝내고 공부를 시작하면서 내 머리를 떠나지 않는 물음이었다. 아이는 무엇을 해도 90% 이상은 하는 것 같았다. 학교 공부도 그렇고, 틈틈이 배우고 익힌 예체능도 그랬다. 언젠가 무용학원 선생님이 나에게 "무용도 머리가 좋아야 해요"라고 말씀한 적이 있었다. 가장 빨리, 가장 정확하게 무용 동작을 익히는 로사를 칭찬하는 말이었다. 고맙게도 로사는 어디서든, 무엇을 하든 그 집단에서 높은 성취를 하는 아이였다.

그렇다면 아이를 수준 높은 환경에 던져보자는 게 우리의 결론이었다. '맹모삼천지교'와 '말은 나서 제주로 보내고 사람은 나서 한양으로 보내라'는 옛 어른들의 말씀에 대한 실천이었다.

'20대80 법칙'은 경제학뿐 아니라 인간의 모든 활동 영역에서 적용된다. 어느 환경에서도 20%의 상위권이 존재한다면 가장 우수한 환경에서 20%가 되자는 내 생각은 옳았다. 결국 우리 가족은 서울로 이사하기로 결정하고, 2005년 나는 그렇게 맹모가 되었다.

직접 가르칠 수 없으면 전문가에게 맡기고, 맡겼으면 믿어라

사교육이 과열되었다는 것은 사회적으로 공감하는 사실이다. 다만 자신의 아이에게 공감하지 못할 뿐이다. 다른 아이들이 전부 학원에 다니니까 우리 아이도 보낸다고 한다. 학원에 안 다니면 친구를 못 사귀니 할 수 없이 학원을 보낸다는 말로 여론을 호도하는 사람도 있다. 본인의 아이는 특목고를 보내고 특목고의 폐지를 주장하는 위선과 다르지 않다. 이왕 사교육의 환경에 살고 있다면 똑똑하게 시키면 된다. 되도록 시행착오를 줄이며, 아이에게 반드시 필요한 교육을 시키되 최단시간에 끝내는 것이다.

우리 아이들이 고등학교에서 가장 좋은 성적을 받았을 때는 로사가 2학년 2학기, 토마가 3학년 2학기 때였다. 그때는 입시가 모두 끝난 뒤라 아무도 학원을 안 다니는 때였다. 아마도 각 학교의 최상위권 학생들이라면 대부분 우리 아이들과 같은 성향을 가졌을 것이다. 공교육 환경에서도 경쟁력이 있을 아이들이다.

사실 학원은 다니지 않으면 불안하긴 하지만 실질적인 도움이 되는 경우는 많지 않다. 대부분은 스스로도 할 수 있는 학습을 학원에 가서 하는 정도에 지나지 않고, 학습지를 꾸준히 하는 것 이상의 효과를 기대하기도 어렵다. 많은 경우 부모의 불안과 학원의 마케팅이 불필요한 사교육을 부르는 것이다.

사교육이 진정 아이를 성장시키고 결국 입시를 성공으로 이끄는 역할을 할 때는 그 수준이 공교육에서는 만족하기 어려운 만큼 높은 경우다. 심화된 학습을 하려면 비슷한 수준의 학생들이 모여 있는 곳에서 같이 공부할 때 시너지가 크다. 가끔 대치동에서 실력이 대단히 뛰어난 강사들을 본다. 그들은 지식수준이 심오하고 강의 능력이 뛰어나다. 이렇게 실력 좋은 강사들을 따라 여전히 대치동에는 우수한 학생들이 밀려들고 있다. 우수한 학생들을 우수한 강사가 가르치는데 실력이 늘지 않을 수가 없다. 직접 가르칠 수 없으면 전문가에게 맡기고, 맡겼으면 믿는 편이 현명하다.

한편 경우에 따라서는 경쟁을 싫어하고 자기 페이스를 유지하며 공부하는 것을 선호하는 학생이나 부모님도 있다. 공부에 대한 신념의 문제이기도 하다. 어떤 공부 방법을 선택하든 똑똑한 아이라면 학교라는 우물 안에 안주하지 않고 좀 더 넓고 큰 세계의 움직임을 살피고 그 수준을 따라가려 노력할 것이다.

최근 각종 문명의 이기는 시간과 공간을 초월한 '공유'가 가능하도록 해주고 있다. 관심과 열의에 따라서는 어느 곳에서든 학생의 능력치가 하늘 높은 줄 모르게 성장할 수도 있다. 간혹 오지 마을에서 정신이 번쩍 나는 천재가 나타나기도 하는 이유다. 실제로 대학에는 이런 학생들을 위한 다양한 기회의 전형이 마련되어 있기도 하다.

어디에 있든 그곳을 자신에게 유리한 환경으로 만드는 것은 중요하다. 지방의 작은 도시, 혹은 깊은 산속 오지나 섬마을에서도 뜻이 있고 똑똑한 학생이라면 오히려 그런 환경이 학생을 더욱 돋보이게 하여 높은 성취의 발판을 제공해줄 수가 있다. 교육 특구에서든, 그렇지 않은 곳에서든 장차 우리나라의 미래를 이끌어갈 인재들이 건강하게 성장하고 있기를 바라고 소망한다.

PART 3

엄마는
입시
전략가

최상위권
엄마가 가진
비장의 무기,
직관력

공부는

'튀게' 해야 한다

입시 결과가 발표되면 상위권을 자부했던 아이들이 어이없이 불합격하는 경우가 생각보다 많다는 것을 입시를 치러본 학부모라면 잘 알고 있을 것이다. 아이의 실패에 부모는 망연자실할 뿐이다. 사실 한발 물러서 수요와 공급의 법칙을 생각해보면 이해가 안 되는 것은 아니다. 하지만 언제나 내 아이의 노력은 눈물겹고 나의 희생과 투자도 작지 않았으니 억울하고 분한 마음을 추스르기도 어렵다.

입시에서 경쟁자는 보통 눈에 보이지 않는다. 우리는 현재 교육열 세계 1위, 대학진학률 세계 1위인 나라에서 아이를 키우고 있다. 수많은 상위권 학생과 학부모가 꿈꾸는 인기 학교와 인기 학과는 불행히도 일치하는 경우가 많다. 우리 아이가 기울인 노력과 같은 정도로 준비해온 학생들이 선발 인원의 몇십 배수를 넘는 경우가 허다한 것이다. 대학도 비슷한 능력의 학생들 가운데 가장 적합한 학생을 뽑기 위해 갖은 노력을 기울인다. 그렇다면 우리 아이가 가고자 하는 대학이나 학과에서 선호하는 인재가 되려면 어떤 준비를 해야 할까?

그 이야기를 하기 전에 하고 싶은 말이 있다. 안 그래도 과열된 이 땅의 교육열에 내가 기름을 붓는 것은 아닌가 하는 노파심에서다. 나에게 아이들의 공부 방향을 알려준 멘토와 같은 선배님은 예전에 "공부는 '튀게' 해야 한다"라고 말씀하신 적이 있다. 당시는 우리 아이들이 어렸을 때라 그 말이 무슨 뜻인지를 잘 몰랐다. 그런데 고학년이 되면서 알게 된 것은 최고의 성취를 이룬 학생들은 비슷하게 공부하는 집단에서 이미 이름이 알려진 아이들이라는 사실이었다. 되도록 넓은 지역에서 '튀면' 좋고, 친구들이 인정하는 공부 능력이라면 가장 좋다.

의사도 동료가 인정하는 의사가 가장 훌륭한 의사라고 하지 않던가. 학교의 인기 있는 선생님은 대부분 실력도 출중하신 분이다. 아이들은 생각보다 예리하다. 주변을 돌아보면 공부 잘하기로 유명한 아이들이 있다. 크게는 지역에서, 작게는 한 학교

한 학급에서 눈에 띄는 학생들이 있기 마련이다. 그 정도 수준의 학생들이야말로 경쟁적인 공부가 의미가 있다.

얼마 전에 이 땅에 어느 분야든 블루오션은 없다며 아프리카로 떠난 한 청년의 기사를 신문에서 읽은 적이 있다. 참 똑똑한 청년이라 무엇이든 해낼 것이라 생각한다. 누구에게나 이런 모험을 권할 수는 없지만, 대학에 가서도 공부에서 성취를 발견할 수 없다면 그때라도 다른 길을 선택했으면 하는 아이들이 많다. 입시의 악몽이 취업의 악몽으로 이어질 수 있기 때문이다. 그래도 우리 아이는 공부에 올인해보겠다고 생각하셨다면 다음의 이야기가 도움이 될 수 있기를 바라는 마음이다.

내 아이에게 최적화된
입시 전략가가 되다

2장에서 이야기했듯이 상위권 학생이 최상위권으로 도약하지 못하는 이유 중 하나가 부족한 수학 실력이라면, 많은 상위권 엄마들이 최상위권 엄마들에 비해 갖지 못하는 것 중에 하나가 직관直觀이 아닌가 싶다. 나는 여느 엄마들처럼 틈틈이 학원 설명회를 다니고, 선배들의 체험담을 들으며 관련 서적을 찾아 읽었다. 그중에서도 내가 정보를 얻기 위해 지속적으로 몰두했던 것은 관련 서적의 탐독이었다. 어떤 책은 그저 그럴 때도 있었지만, 줄을 치고 포스트잇을 붙여가며 아이에게 즉시 적용해보는 경우도 많았다.

수십 권의 책을 섭렵하며 스스로도 깨닫지 못하는 사이에 내게 길러진 능력이 있는데, 그것은 바로 '직관'이었다. 판단의 근거를 명확히 설명할 수는 없지만 그런 결정을 해야 할 것 같은 강력한 느낌이 들 때가 있다. 직관은 알파고가 갖지 못하는 인간 최후의 보루라 하지 않던가. 남성보다는 여성에게 더 발달되어 있다는 직관력을 키워가며 나 스스로도 깨닫지 못하는 사이에 나는 우리 아이들에게 최적화된 입시 전략가가 되어 있었다.

할아버지의 재력, 엄마의 정보력, 아빠의 무관심. 이 세 가지가 아이를 좋은 학교에 보내기 위해 필요한 요소라는 우스갯소리가 있다. 항간의 세태를 반영하는 말이다. 엄마들은 보이지 않는 실체인 '정보'에 목말라 하는 경우가 많다. 그러나 꼭 필요하고 가장 중요한 정보는 누구에게나 공개되어 있다. 고입이나 대입의 가장 중요한 정보인 전형 요강은 학교 홈페이지에 공고가 된다. 아이들이 현재 다니고 있는 학교에 대한 정보는 각 학교 홈페이지나 학교알리미(schoolinfo.go.kr) 사이트에서 속속들이 알아볼 수 있다. 그런데 대부분의 학부모들은 이런 정확한 정보를 찾는 수고를 하기보다 주변 사람들의 말을 듣고 따라 하는 경우가 많다.

매년 아이들 스케줄 관리나 중요한 내용을 적
어두었던 나의 다이어리들

　카페에서 그룹으로 모여 교육 정보를 주고받는 어머니들 모
습은 학교와 학원이 모여 있는 곳이라면 어디든 흔하게 볼 수
있는 풍경이다. 불과 몇 년 전에는 나도 저 자리에 앉아 있었는
데 싶어 살짝 웃음이 난다. 비슷한 학년의 엄마들이 모여 주고
받는 '카더라 통신'에서 무엇인가를 기대한다는 것은 사실 난센
스다. 중요한 정보는 그 길을 먼저 가본 사람의 입에서 나오게
되어 있다.
　매년 새 학년이 시작되면 유행처럼 엄마들의 반 모임이 열리
기 시작한다. 전업주부인 나는 반 모임이라면 빠지지 않고 나갔

다. 로사가 과학고에 입학하고 처음 만난 1학년 엄마들의 반 모임은 아직까지도 두 달에 한 번씩 계속되고 있다. 아이들이 커가는 모습과 각 가정의 소소한 변화를 공유하며 인간적으로 깊어진 관계가 흐뭇해 항상 모임이 기다려진다. 그런데 나는 지금까지 입시나 학습에 대한 정보를 어떤 반 모임에서도 얻은 기억이 없다. 결론적으로 말하면 이런 엄마들의 모임에서는 친목 이상의 것을 기대하지 말고 중요한 정보는 엄마 스스로 찾아야 한다는 것이다.

과학고 엄마들의 모임이 몇 년이 지나도 계속될 수 있었던 것은 비교적 아이들이 상위권 대학에 무난히 진학했고, 대학에서도 단단한 입지를 유지하고 있기 때문인 이유가 크다. 자녀들이 대입에 실패하면 잘 만나던 모임도 해체되는 경우가 생긴다. 반대로 자녀들이 입시에 성공하면 없던 모임이 만들어지기도 한다. 서글프지만 현실이다. 자녀의 실패는 부모에게 더할 수 없는 아픔이다. 그 아픔이 클 때는 신체적인 질병으로까지 이어지기도 한다. 아이의 공부력을 위해 엄마가 나서야 하는 이유가 하나 더 추가되는 것이다.

아이들을 키우면서 나는 좋은 분들을 많이 만났다. 경시에 눈을 뜨게 해주신 분, 자신감이 떨어졌을 때 우리 아이의 우수성을 인정하며 용기를 북돋워주셨던 분, 몇 년 후 바뀌게 될 입시 트렌드를 일깨워주신 분, 아이의 잠재력을 믿고 나보다도 아이에 대해 목표치를 높여주셨던 분들 등 영향력이 컸던 분들이 떠오른다. 하지만 내가 아이들을 키우면서 중요한 결정을 하고 선택과 집중을 할 수 있었던 것은 그 누구의 조언 때문도 아니었다. 직관이라고밖에 설명할 수 없는 나 스스로의 확신 때문이었다.

엄마라면 가질 수 있는 직관력. 하지만 많은 엄마가 갖지 못하는 직관력은 도대체 어떻게 키워지는 걸까? 무엇보다 직접적인 경험이 직관을 키운다. 불에 덴 아이가 불을 무서워하는 이치와 같다. 그러나 일일이 경험해보는 것은 불가능하다. 직접 불에 데지 않아도 불이 무서운 줄 아는 것은 학습을 통해 간접경험을 해봤기 때문이다.

엄마의 직관력도 마찬가지다. 내 아이와 아이의 진로에 대해 관심을 갖고 계속 고민하고 부지런히 학습하다 보면 자기도 모르는 사이에 만들어지는 것이 직관이다. 틈틈이 교육에 관련된 책을 읽고 가끔은 전문가의 의견과 설명을 들어보는 것, 그리고 아이에게 직접 시도해보는 것. 이렇게 쌓이고 쌓인 경험들이 강인한 모성과 결합했을 때 어느 누구도 대체할 수 없는 내 아이만을 위한 최적화된 입시 전략가가 만들어지는 것이다.

입시에서도
적용되는
1만 시간의 법칙

수시냐 정시냐,
선택은 어렵다

로사와 토마가 입학한 연세대 의대나 서울대 의대를 비롯한 대부분 대학의 대부분 학과에서는 다양한 전형을 통해 학생들을 선발한다. 그래서 요즘에는 수석 졸업은 있어도 수석 입학은 없는 경우가 대부분이다. 같은 기준의 평가를 통해 합격한 학생들이 아니기 때문이다. 로사와 토마의 경우 둘 다 최상위권의 학과이므로 일단 합격생들은 너나 할 것 없이 출중한 능력의 소유자들이다. 그런데 선발 방식의 차이로 인해 준비하는 과정이 조금 다를 수는 있다.

로사의 경우 과학인재전형으로 합격했는데, 이 전형은 대부분 영재고, 과학고 학생들의 리그인데다 선발 인원도 가장 적었다. 학생부, 자기소개서, 교사추천서를 평가해 1차 서류 심사를 하고, 약 5배수를 뽑아 고등학생 수준으로는 과하다 싶을 정도로 고난도의 수학, 과학 심층면접 구술시험을 통과한 12명을 선발했다. 그해의 최상위권 수학 과학 영재들이 모두 모여 실력을 겨루는 한 판 승부의 장이었다. 세상에 어느 문이 이보다 좁을까 싶었다. 그 좁은 문을 통과했으니 그 기쁨과 영광도 컸다.

과학고만 어려운 줄 알았던 입시의 좁은 문은 일반고 학생들에겐 한술을 더 얹는다. 수시에서 대부분의 입시 결과가 결정되는 과학고에 비해 일반고의 학생들은 정시 준비를 해야 한다. 그런데 정시만 노리는 학생이 아닌 수시도 준비해야 하는 학생의 경우 수시와 정시라는 두 번의 기회가 있다 보니 오히려 한 곳에 집중하기가 어렵다. 결국 두 번의 기회를 다 놓치는 경우가 발생한다. 수시로 뽑는 인원이 많다고는 하지만, 정작 일반고 현장에서는 정시로 가는 경우보다 적은 게 현실이었다.

우수한 학생들을 선발해서 모집하는 특목고와 전국자립형사립고 학생들이 수시 전형에 유리한 것은 상식적인 일이다. 토마가 고등학교에 입학할 즈음만 해도 무조건 수능을 준비하라는 선생님들과 대학은 수시로 가야 한다는 선생님들의 의견이 분분해 좀 혼란스러웠다. 학교의 전교권 학생들은 수시를 선호했고,

수시합격생 대부분은 내신이 좋은 학생들이었다.

'2018학년도 대입 전형 시행 계획'에 따르면 입시에서 수시 선발 인원이 73.7%에 달한다고 한다. 전문가들은 "이제 수험생들은 대입의 무게중심을 수시에 두고, 실패했을 때 정시에 도전한다는 생각을 가져야 할 것"이라고 말하고 있다. 이처럼 수시 선발 인원이 70%를 돌파했지만, 수시든 정시든 어느 하나만을 선택하고 다른 하나를 버리기는 쉽지 않아 보인다.

입시에도 1만 시간의
법칙이 적용된다

토마는 일반고에서 수시로 서울대 의대에 합격했다. 고입에서 실패의 쓴 잔을 한두 잔도 아니고 서너 잔을 마신 후 각고의 노력 끝에 얻은 쾌거인지라 그 기쁨과 환호는 정말 특별했다.

합격자 발표 날 토마와 함께 서울대 홈페이지에서 합격을 확인했다. 나보다 좀 더 강심장인 토마가 직접 클릭했는데, 합격을 확인한 순간 나는 아파트가 떠나갈 정도로 소리를 질렀다. 토마가 담임선생님께 전화해 합격 소식을 전하자, 선생님도 나처럼 크게 소리를 지르셨다고 해서 웃음이 나면서도 교사라는 직업의 소명의식에 가슴이 뭉클해졌다.

토마가 지원한 전형은 수시 일반전형이었다. 이 전형은 학생부, 자기소개서, 교사추천서를 평가해 1차 서류 심사에서 2배수를 선발해 서류 기반+고난도 구술고사의 성격을 띤 MMI 인적성 면접을 거쳐 최종 선발한다. 특목고의 전교권 학생들이 선호하는 전형이다. 토마가 이 어려운 전형으로 합격하리라고는 전혀 자신할 수 없었다. 워낙 모의고사에 강했기 때문에 정시로 서울대 의대에 합격할 가능성을 두고 수능 준비에 완벽에 완벽을 기하고 있었다. 그런데 묘하게도 로사와 토마 모두 수능은 평가의 대상에서 제외되는 전형으로 대학에 합격했다.

대학은 연세대 과학인재전형이나 서울대 일반전형 등에 지원하는 학생들을 수능보다 높은, 혹은 수능과는 다른 기준으로 평가하고자 하는 것이다. 그러나 오직 서울대 의대 일반전형만을 겨냥해 수능 준비를 안 하는 일반고 학생은 단 한 명도 없을 것이다. 입시는 보통 1안, 2안, 3안까지는 준비한다.

로사는 입시를 위해 내신과 화학 올림피아드, 심층면접 구술시험을 준비했고, 토마는 내신과 비교과, 수능을 준비했다. MMI 준비는 1차 합격자 발표 후 일주일 정도 기출 유형을 살펴본 정도였다. 로사와 토마 둘 다 공부한 형태가 비슷하다 보니 가장 대비가 어려운 전형을 선택하게 되었다. 천만 다행스럽게도 무사히 입시의 관문을 통과하면서 나는 '1만 시간의 법칙'이 이렇게 적용되는구나 하고 감탄했다. 1만 시간의 법칙이란 성공한 사람들을 분석한 결과 성공을 위해 투자한 시간이 대략 1만 시간에 이르렀다는 사실을 발견하고 명명된 이론이다. 1만 시간은 매일 3시간씩, 일주일에 20시간을 하면 10년이 걸리고, 매일 6시간씩 하면 5년이 걸리는 시간이다. 우리 아이들이 대입을 위해 공부에 쏟은 시간이 대략 그 정도였는데, 1만 시간의 법칙이 증명되는 것 같아 참으로 절묘하다는 생각을 했다.

로사가 걸어온
힘겨웠던 1만 시간의 길

로사가 대입 원서를 준비하기 위해 자기소개서를 쓰면서 나는 비로소 아이가 어떻게 자신을 채찍질하며 공부했는지를 알게 되었다. 과학고에 다니며 기숙사 생활을 했던 로사는 금요일 오후에 집에 와서 월요일 아침에 등교를 했다. 2년 동안 주중에 나오는 일은 특별한 일 외에는 없었다.

　로사는 자신의 몸을 학교 수업에 맞췄다고 했다. 그것은 매우 일정한 패턴으로 2년간 계속되었는데, 매 수업마다 고도의 집중력을 발휘하기 위해 1교시부터 마지막 수업까지 최상의 컨디션을 유지하는 자신만의 바이오리듬을 만든 것이었다. 수업이 전부 끝난 후에는 석식 전까지 잠깐 낮잠으로 피로를 풀고, 저녁

자습시간에는 최대한 집중해서 효율을 높였다. 아이는 아침에 교실에 들어간 이후 모든 수업을 마칠 때까지 화장실을 한 번도 가지 않았다. 몸의 수분량을 조절하는 것이 로사에겐 그리 힘든 일이 아니었지만, 친구들 눈에는 신기하게 비쳤는지 나는 그 사실을 다른 학부형을 통해 알게 되었다. 참으로 노력하는 사람을 따라가기는 어려운 모양이다. 과학고에는 로사보다 머리 좋은 학생들이 많았다.

규칙적인 생활을 하다 보니 수면 시간은 고등학교 다니는 내내 크게 부족하지 않았다. 과학고 학생들은 대부분 머리가 좋고 성실하지만, 중학교 때까지의 학습량이 많지 않았을 경우 잠을 줄여가며 고전한다. 그런데 로사는 비교적 중학교 때 학습량이 많았기 때문에 과학고의 수업 내용이 낯설거나 어렵지 않았다. 다만 뒤늦게 시작한 화학 올림피아드의 공부량은 버거울 정도로 많았다.

무엇보다도 입시를 위해 내신에 신경을 많이 썼다. 과학고의 내신은 입시에서 막강한 힘을 발휘한다는 것을 잘 알고 있었다. 여러 단계의 평가 과정을 통해 선발된 우수한 학생들로 구성된 과학고에서 내신의 의미는 대단히 중요하다. 내신이 곧 학생들의 실력과 능력, 수업 태도와 수업 참여도까지 말해준다.

과학고를 다니는 동안 내내 내신 공부는 경시 공부와 비교했을 때 난이도와 깊이가 크게 다르지 않았다. 로사는 수업 시간에 최선을 다해 집중했고, 그날 수업은 반드시 복습으로 다져갔다. 하루의 복습량은 많지 않아 시간이 오래 걸리는 것은 아니었다. 그러나 시험 때가 되면 누적된 복습의 양은 엄청난 시너지를 발휘했다.

과학고 수업은 선생님이 수업 시간에 준비한 수업 자료로 이루어지는 경우가 대부분이어서 특별히 참고할 시중의 문제집이 거의 없었다. 수업 시간 내내 반듯한 자세를 유지하며 최선을 다해 집중하고 철저하게 복습을 실천한 로사가 최우등 성적을 내는 것은 어쩌면 당연한 결과였다. 내신을 위한 학원 수업은 거의 받지 않았다. 학원을 오가며 낭비되고 소모되는 시간과 에너지도 아까웠기 때문이다.

로사는 중학교 때까지는 수학 경시를 했고, 고등학교에 들어가면서는 화학 경시를 했다. 경시는 공부의 수준이 깊고, 공부해야 할 양도 어마어마해서 혼자 준비하기에는 많은 어려움이 따른다. 비슷한 실력을 가진 학생들이 모여서 공부할 때 효율도 크게 높일 수 있다. 로사는 수학도, 화학도 경시 준비생들이 많이 모이는 곳에서 공부했다.

초등학교 때부터 수학 경시를 시작하면서 학원에 머무르는 시간은 최소 4시간 이상이었다. 보통은 시험 시간만큼 집중해서 공부하는 것을 권하는데, 예를 들어 수능 국어 시험 시간은 80분이니까 집중해서 80분 공부를 하고 쉬었다 다시 하는 방법을 말한다. 한국수학올림피아드(KMO)는 시험 시간만 무려 4시간이니 하루 수업을 할 때도 그 이상씩 했다. 초등학교 5학년이 끝나갈 무렵부터 시작된 경시 수업은 중학교 3학년 8월 KMO 2차 시험이 끝날 때까지 계속되었다.

과학고에 들어가기 전 중학교 때 영재고 대비반은 수업량이 더 많았다. 과학 네 과목을 전부 해야 했다. 어마어마한 공부량이라 준비 자체가 버거운 과정이었다. 하지만 로사와 토마가 중학교 때 그렇게 깊게 공부한 내용은 고등학교 내신은 물론 대입에도 큰 도움이 되었다.

과학고에 합격하고, 입학 전 학교 설명회에 다녀오면서 과학 경시를 준비해야겠다고 생각했다. 화학으로 과목을 결정한 후 경시 학원 두 군데를 다니기 시작했다. 늦게 시작한 만큼 다른 학생들에 비해 2~3배의 양을 집중해서 쏟아 부은 것이었다.

그 엄청난 학습량을 전부 소화할 수 있었던 것은 중학교 때 경시를 하며 다진 수학 덕분이었다. 초등 고학년부터 시작된 로사의 학습의 길은 입시가 끝난 그날까지 줄곧 양적, 질적으로 팽창한 방향으로 이어졌다. 로사가 걸어온 길은 참으로 구간구간이 험난한 가시밭길이었다. 그것을 다 견디고 소화한 시간을 계산해보니 얼추 1만 시간이 넘는다.

현명하고 신뢰할 수 있는
인생의 멘토

로사에게는 좋은 멘토가 있었다. 중학교 3학년 때 KMO 2차 대비를 위해 소개받은 동네 대학생 선생님이었다. 학습에 크게 도움을 받았다기보다는 바른 학습 태도를 갖추는 데 도움이 된 선생님이다. 그 대학생 선생님은 대학 입시가 가까워질 때까지 로사의 공부를 봐주었는데, 로사가 정신적으로 안정감을 갖고 내신이나 입시를 준비하는 데 힘이 되어주었다.

로사는 매번 학교의 정기고사를 볼 때마다 최우등 성적을 냈는데, 또 매번 자신의 이전 기록을 경신하며 성적이 상승했다. 시험 결과가 나올 때마다 과외 선생님에게 로사의 성적을 자랑할 수 있는 게 신기했다.

여전히 입시를 위해 대치동에 유입되는 인구가 많다. 대치동에서는 입시 선배들이 동네에 즐비하다는 점도 하나의 특징이다. 급하게 아이의 공부를 위해 도움을 청할 우수한 대학생 과외 선생님 또한 주변에 많다. 그래서 토마도 가까운 곳에서 좋은 멘토를 찾아보려고 시도했는데 과외선생님으로 만나지는 못했다. 그러다 고3 때 뒤늦게 학원에서 만난 선생님 한 분이 토마에겐 큰 정신적인 힘이 되어주었다.

아이가 입시라는 인생의 커다란 무게를 견디고 자신의 역량을 충분히 발휘할 수 있는 힘을 얻을 수 있는 현명하고 신뢰할 수 있는 멘토를 만나는 것은 큰 행운이다. 하지만 내 아이와 맞춘 듯 딱 맞는 멘토를 만들 수는 없는 노릇이고, 일부러 만들려고 집착해도 안 될 일이다. 막연한 이야기처럼 들릴지 모르겠지만 '하늘은 스스로 돕는 자를 돕는다'. 인간적인 노력을 다하다 보면 주위 사람이나 사물, 자연조차 그 사람을 돕고 있는 느낌이 들 때가 있다.

늦었지만 누구보다 빛났던
토마의 1만 시간의 길

과학고에서 대입을 준비하는 길은 험난한 가시밭길이지만 확실히 보이는 길이었다. 그에 반해 일반고에서 대입을 준비하는 길은 결코 평탄하지 않음은 물론 한 치 앞도 잘 보이지 않는 안개가 자욱한 길에 비유할 수 있다. 힘겹게 가고 있으면서도 이 목적지가 수시에 도착할지, 정시에 도착할지 알 수 없는 길이다.

고등학교에 들어가기까지 토마가 공부한 방식은 로사와 비슷했다. 로사보다는 좀 더 늦은 6학년 무렵에 수학 경시를 시작했고, 사고력 수학도 공부했다. 책을 많이 읽은 탓인지 토마는 사고력 수학을 아주 재미있어 했다. 토마 역시 과학고 준비를 위해 과학도 공부했다.

그럼에도 첫째 로사에 집중해야 하는 일이 많아서 둘째인 토마는 늘 뒷전이었다. 로사와 이동 시간이 겹칠 때는 로사를 우선으로 했기 때문에 토마는 영재원도 혼자 간 적이 많았다. 중학교 1학년 때 다녔던 경원대 영재원과 중학교 2학년 때 다닌 연세대 영재원 모두 집에서 꽤 먼 거리였다. 로사만큼 신경을 못 써줘서 그랬나 싶게 토마는 영재고에 이어 과학고마저 떨어져서 내 마음이 더욱 괴로웠다.

중학교 3학년 때 어버이날이라고 토마가 장미꽃 한 송이를 사온 적이 있었다. 그런데 나는 꽃을 건네는 토마를 크게 혼냈다. 엄마가 장미꽃 한 송이에 기뻐할 줄 알았느냐며 호되게 나무랐다. 영재고 입시에 집중해야 할 아이가 꽃집에 가서 꽃을 사느라 정신을 팔았다는 사실에 화가 났던 것이다. 그날의 충격이 컸는지 이후로 토마는 나에게 일절 선물을 안 한다. 맙소사, 실수했다. 그러나 토마는 여전히 착하고 마음 따뜻한 우리 아들이다.

고1 봄이 다 가도록 토마도 화학 올림피아드를 준비했다. 그런데 일반고에서 올림피아드를 준비하는 게 쉽지 않아 방향을 급선회해 학교 내신과 비교과에 주력했다. 고1 겨울방학이 시작될 즈음 입시를 위해 이과로 마음을 굳혔는데, 토마가 앞으로 이과에 가서 어떻게 공부할지 걱정이 되었다. 일단 이과 학생수가 160명 남짓 되니 로사의 과학고와 다를 바 없는 적은 숫자였다.

1등급 4%가 7명에서 끝나는 정원이었다.

그해 겨울방학 내내 수학과 과학 공부에 주력했고, 영어와 국어도 꾸준히 공부했다. 개학을 하자 방학 때 열심히 공부한 보람이 있었다. 2학년 4월, 과학의 달 행사에서 토마는 수학 경시 은상, 수리과학 논술 은상, 물리 경시 금상, 과학미션완성 대회 금상 등 교내 상을 석권하더니 중간고사도 사회 과목을 제외하고는 거의 만점에 가까운 점수가 나왔다. 성적은 1학년 때에 비해 수직 상승했다. 그러나 여전히 누적 내신은 부족했다.

결국 정시에 더 높은 가능성을 두고 고2 겨울방학부터는 본격적으로 수능을 준비했다. 과학탐구 영역을 물리1, 생명과학2로 정하고 각 과목의 완성도를 높이기 위해 최선의 노력을 다했다. 고3 3월이 되자 어느 정도 수능이 완성되었다. 3월 모의고사는 전교 1등을 했고, 6월 한국교육과정평가원 수능 모의고사에서는 만점을 받았다. 실력으로는 부족하지 않다는 생각을 했지만, 실수를 막기 위해 완벽에 완벽을 더해 준비했다.

9월이 되어 수시 원서를 써야 할 시기가 되었다. 담임선생님께서는 정시로도 갈 수 있다며 서울대 의대를 권하셨다. 하지만 나는 부족한 내신이 마음에 걸려 하향지원을 고민하고 있었다. '입시는 누가 뭐라 해도 결과'라는 사실을 로사 때 경험해봐서 잘 알고 있었기 때문이다. 어느 날 결심을 하고 토마 방으로 갔다. 그런데 내가 들어온 줄도 모르고 꼼짝 않고 책상에 앉아 공부하는 토마의 뒷모습을 보고 나는 슬며시 아이 방을 나왔다. 몇 시간째 일어나지도, 흐트러지지도 않은 채 공부에 몰두하고 있는 아이에게 차마 하향지원을 하자는 말은 꺼내지 못했다. 엄마마저 숙연하게 만드는 저 아이를 놓친다면 그건 대학의 손해라고 생각하고 나는 선생님 말씀에 따르기로 했다.

수시 원서를 내면서도 토마의 길은 정시로 향하는 줄로만 알았는데, 토마는 수능 성적은 아예 선발 요건이 아닌 수시 일반전형으로 서울대 의대에 합격했다. 하늘은 스스로 돕는 자를 참 특별한 방법으로 도우신다. 로사가 초등 5학년 때부터 경시를 시작해 고2 때 입시를 마쳤고, 토마가 초등 6학년이 끝나갈 무렵 수학 경시를 시작해 고3 때 입시를 마쳤으니 두 아이가 공부에 들인 시간은 비슷하다. 절묘하게도 1만 시간의 법칙은 우리 두 아이에게 그대로 적용되었다.

기도 점수라는
게 있다

아이를 위해 기도하는 간절함은
아이에게 그대로 전달된다

서울대 의대 일반전형 1차 서류 합격자들의 MMI 면접이 있는 날 아침 7시 20분. 면접 대상자들의 입실 마감 시간보다 약 1시간 일찍 혜화동 서울대 의과대학에 도착했다. 정문에 내려 건물 입구까지 토마와 함께 걸어갔다. 비가 추적추적 내리고 아직 주변이 어둑어둑한 시간, 조용하지만 단호하게 학교로 들어가는 토마의 뒷모습을 보고 울컥했다.

토마가 학교에 들어가는 모습을 본 후 나는 근처에 있는 혜화동 성당으로 향했다. 아이들이 올림피아드 시험이나 경시 시험을 치를 때면 나는 항상 시험장 주변의 성당을 찾아서 시험 시간 내내 머물렀다. 4~5시간은 보통이고, 모의고사를 볼 때나 수능을 치르는 날에는 8시간씩 있는 경우도 있었다. 시험을 치르고 있는 아이를 생각하면 묵주기도를 바치는 것은 정말 아무것도 아닌 수고였고, 묵주기도를 하염없이 바치다 보면 시간도 잘 갔다. 지금 다시 하라면 8시간 이상을 금식하며 기도할 수 있을지 모르겠다. 아이들이 한창 공부하고 입시를 치르는 동안에는 나도 같이 긴장을 해서인지 평소보다 강인한 힘이 발휘되었던 것 같다.

나중에 알고 보니 토마는 그날 수험표를 안 가져갔다고 했다. 한 번 더 챙겼어야 했는데 내가 출력조차 안 해놨던 것이다. 다행히 여유 있게 도착한 덕분에 현장에서 해결했다고 한다. 그래도 수험표가 없어서 당황했을 토마를 생각하니 잠시 머리가 혼미해졌다. 아이들의 입시 결과와는 어울리지 않게 나는 참 허술한 엄마였다. 그런 결정적인 실수를 그런 특별한 날에 하다니 말이다.

정말 중요한 날, 어느 순간에 예상치 못한 상황이 닥치는 수가 있다. 그래서 유비무환有備無患으로 철저히 준비하지만, 위기가 닥친 순간 적절하게 대응하는 매뉴얼도 마음속에 준비해두어야 한다. 첫째도 침착, 둘째도 침착, 그리고 셋째는 경험이다.

일부러 경험해볼 필요는 없지만, 토마는 외부 시험을 많이 본

편이라 이런 상황도 경험한 적이 있었다. 그 경험이 면역력을 주었다면 천만다행이었다. 물리 인증 시험 때 수험표를 잘못 가져간 적이 있었는데, 수험표가 없어도 시험을 볼 수는 있었다. 나중에 확인해서 처리할 수 있는 부분이기 때문이다.

문제는 당황한 마음을 빨리 추스르고 평정심을 되찾는 일이다. 그래서 아이에게는 엄마의 기도가 필요하다. 아이가 위기를 맞고 있는 순간, 어딘가에서 아이를 위해 기도하는 간절한 영혼이 텔레파시가 되어 아이에게 전달되는 것이 아닐까. 나는 그렇게 믿고 있다.

아이가 면접을 보는 시간,
나는 기도하고 또 기도했다

10분씩 6개의 방을 돌면서 치러지는 면접이 오전 조라는 것 외에는 토마의 정확한 면접 시간을 알 수 없었다. 아직 여명이 걷히지 않은 어스름한 아침 7시 30분경, 나는 혜화동 성당의 성체조배실에 자리를 잡았다. 원래 토요일 오전에는 개방을 안 하는데, 수녀님 한 분이 오셔서 문을 열어주셨다고 관리인이 말씀해 주셨다. 그 수녀님이 어느 분이셨는지 하나하나가 예민한 징조로 다가온 입시 날에 신비하고 감사한 일이었다.

나는 되도록 머릿속을 맑게 비워가며 묵주기도를 바쳤다. 한참을 묵주기도를 하다가 성전으로 올라갔다. 차가운 성수를 손에 찍어 성호를 그으니 머리가 쭈뼛 서고 정신이 번쩍 들었다. 어둡고 텅 빈 성전에서 오르간 반주자가 스탠드 불빛에 악보를 비추며 연주를 하고 있었다. 마음이 편안해졌다. 묵주 기도 다섯 단을 바친 후 조배실로 내려왔다.

심호흡을 하고 나의 모든 것을 다해 묵주기도를 바쳤다. 분심分心이 들까 봐 시계는 보지 않고 있었다. 다리가 저려 무릎을 세우니 온몸이 후들후들 떨려 손가락 하나를 살짝 벽에 의지하고 기도를 올리는데, 12시 삼종기도 시간을 알리는 종소리가 울렸다. 뭔지 모를 감격에 휩싸여 삼종기도를 드리고, 모든 학생들이 면접을 마쳤을 12시 40분경에 성당을 나왔다.

토마를 만나 집으로 돌아오는 차 안에서 나는 차마 떨려서 물어보지도 못하고 계속 딴소리만 하고 있는데, 토마가 먼저 "면접 얘기 해줄까요?"라고 말한다. 그리고는 차분히 면접을 복기하는데 나는 그만 울어버릴 뻔했다. 내 아들 안 어디에 저렇게 깊고 넓은 생각과 지식이 채워져 있었던 것일까? 그리고 그걸 어쩌면 그토록 차분하게 꺼내놓을 수 있었을까? 심지어 교수님들을 박장대소케 하는 여유까지 부렸다니.

토마의 이야기를 듣고 있는 동안 지난 3년간 아이에게 일어났던 일들이 주마등처럼 스쳐 지나갔다. 마치 이 면접에 대처하기 위해서 일부러 각본을 쓰고 연출한 듯한 일들이 토마의 고등학교 3년 동안 여기저기에서 벌어졌었다. 학급 회장과 동아리 회장을 맡으면서 개인의 일보다는 학급 전체나 동아리 활동을 우선해왔던 아이의 생활 태도나 스포츠클럽과 영재학급 수업에서 경험하고 느껴온 협동의 중요성과 그 시너지 효과, 경제 여건이나 가정환경이 다양한 친구들이 모인 일반고를 다니면서 이러저러한 상황에 대처하며 이해하고 포용해왔던 아이의 결 고운 인성이 면접 중에 고스란히 드러난 것 같았다.

나는 그때 조심스럽게 합격을 예감했다. 아들의 면접 시간은 맨 마지막 조, 즉 내가 이상한 기분을 느꼈던 삼종기도 시간 무렵이었다. 온몸에 전율이 흘렀다.

걱정은 축복이다

'기도 점수'라는 말은 연세대 영재원 선발고사장에서 대기하는 학부모들을 대상으로 선발 기준에 대해 설명하면서 한 교수님이 언급한 말이다. 그 교수님 말에 따르면 학생들의 성적에 어머니들의 기도 점수가 추가된다고 했다. 과연 기도 점수라는 것이 있을까?

2005년 대치동으로 들어와 로사가 올림피아드를 시작하고 영재원 시험을 치르면서 시작된 나의 기도는 토마가 대학에 합격하는 그 순간까지 간절하게 계속되었다. "기도는 울타리 밖을 넘어가야 한다"라는 신부님 말씀에 타인을 위한 기도도 해봤지만, 죄송하게도 우리 가족을 위할 때만큼 간절해지지는 못했다. 다만 우리 가족을 위한 기도만 열심히 하는 내가 부끄럽고 죄스러워 가끔 외부에서 신부님들이 성당에 찾아오셔서 불우청소년이나 탈북자 어린이, 말레이시아 오지에서의 어린이 선교 등을 위해 도움을 호소하실 때면 거절하지 않고 할 수 있는 만큼 열심히 후원했다. 그것은 그들보다 말도 안 되게 안락하게 살아온 우리 아이들을 위한 보속이라고 믿고 있다.

해마다 수능이 다가오면 100일 기도 행사가 열린다. 성당, 교회, 절 등 모든 종교단체에게 수능은 큰 이벤트다. 수능 100일 전부터 하루씩 다가오는 수능 날을 향해 어머니들은 각자 그들의 종교에 따른 기도를 드린다. 로사는 수능이 절대적인 입시 준비가 아니어서 100일 기도는 하지 않았다. 그런데 막상 입시가 다가오자 마음이 불안해져 신약성서를 필사하기 시작했는데, 머리와 가슴을 울리는 말씀에 큰 위로와 용기를 얻었다. 고등학교 때 로사를 기숙사로 들여보낸 뒤 무탈하기를 기원하며 학교 근처 성당에서 정기적으로 생미사를 넣었다. 아이를 데리러 갈 때면 일찍 가서 성체 조배를 하기도 했다.

토마가 일반고를 들어간 날부터는 매일매일이 수능 100일 기도였다. 로사가 중학교 1학년이 되던 해, 1학기 중간고사 때부터 아이들 시험 때면 나는 언제나 성당에 갔다. 아이들이 학교에서 시험을 보는 시간에 나는 묵주기도를 바쳤다. 2학기 기말고사 기간에 토마를 학교에 데려다주고 그 길로 성당에 들어가면 깜깜하고 텅 빈 성전에 한동안 나 혼자 있은 적이 많았다. 좀 무서운 기분이 들다가도 묵주기도를 바치고 있다 보면 그 기분조차 잊어버리게 되었다. 되도록 정신을 맑게 가다듬어 기도를 드리고 아이보다 조금 일찍 돌아와 점심을 차렸다. 아이들이 시험을 잘 본 날은 감사했고, 못 본 날은 오늘의 이 작은 일이 아이에게 닥칠 앞으로의 큰일에 아무 영향이 없기를 간절히 바랐다. 그 마지막 기도 날이 토마의 MMI 면접 날이었다.

언젠가 신부님께서 어머니들은 아이들을 위해 많이 울어야 한다고 말씀하셨다. '걱정이 축복'이라는 성가를 들려주시기도 했다. 세상이 외쳐대는 말과 달리 나 역시 신부님처럼 걱정을 찬미하는 사람이다. 걱정해서 해결되는 일 없고, 사람들이 하는 걱정이 대부분 할 필요가 없는 걱정이라고 한다. 걱정하지 말라는 노래도 있다. 하지만 내 경험으로는 걱정하고 근심하고, 그래서 눈물을 흘리며 기도했던 일들은 대부분 결과가 좋았다. 많은 사람들의 생각과는 다르게도 말이다. 그 이유를 곰곰이 생각해 보니 걱정은 간절한 기도를 부르고, 간절한 기도는 기적을 낳는다. 그래서 걱정은 축복이다.

단, 기도는 골방에서 해야 한다. 느낄 수 있되 보이지 않는 곳에서, 아이들이 가장 싫어하는 엄마 중 한 사람이 내 옆에서 소리 내어 기도하는 엄마라고 한다.

특목고를
가야 하나요,
일반고를
가야 하나요

로사의 영재고와 토마의 일반고,
어디서건 최선을!

앞에서도 말했듯이 나의 교육 목표는 언제나 수월성의 추구였다. 나는 우리 아이들을 최우수 집단에 진입시키기 위해 노력했다. 그런데 다행스럽게도 엄마의 이런 욕심에 제동을 걸어준 것은 언제나 아이들이었다. 적절히 떨어져주는 방식으로 말이다.

로사는 영재고를 목표로 했지만 실패하고, 과학고에 진학했다. 영재고 입시에 고배를 마셨을 때 자식의 아픔은 부모에게 열두 배로 다가온다는 말을 절감했다. 그런데 '인생지사 새옹지마'라 했던가. 결과적으로는 과학고에서 아이의 능력이 빛을 발했다. 미래창조과학부가 지정하는 영재고와 교육부에 속해 있는 과학고는 커리큘럼 자체가 다르다. 로사는 과학고를 다니는 2년 동안 치러진 8번의 정기고사에서 단 한 번도 전교 1등을 놓친 적이 없었다. 로사가 영재고에 입학했어도 같은 성과를 내기는 어려웠을 것이다. 로사의 무기는 성실함과 탁월한 자기관리능력인데, 영재고에 다니는 타고난 영재들에게는 노력으로도 절대 넘을 수 없는 벽이 있기 때문이다.

토마의 경우는 더욱 기가 막혔다. 누나의 대입과 딱 맞물려 내 신경이 온통 로사에게 가 있는 동안 고입을 준비했던 토마는 영재고에 이어 과학고 입시에도 실패했다. 인문계 고등학교 지망서를 쓸 때 인근의 과학 중점학교를 지원했는데, 그마저도 안 됐다. 2지망, 3지망도 다 안 되고, 지역에서 별로 인기 없는 공립학교에 강제 배정되었을 때는 정말 망연자실했다. 그토록 가슴 따뜻하고 실력도 합격권을 상회했던 토마에게 왜 이런 가혹한 일이 벌어지는지, 그 뜻이 무엇인지 알 수 없었다.

3년 뒤 그 실패가 더 큰 성공을 향한 도약의 발판이 되었다는 사실이 증명되는 순간까지 실패의 아픔은 언제나 진행형이었다. 그해에 로사가 연세대 의대에 합격해 그 경험을 밑천으로 토마도 일반고 환경에서 최선을 다해보자고 결심했다.

특목고와 일반고,
분명 '차이'가 있다

로사가 과학고를 다니는 동안 나의 관심 영역은 과학고, 영재고에 좁혀져 있었다. 사실 대학 입시에서 과학고, 영재고가 지원하는 전형은 정해져 있었다. 거의 대부분 수시로 진학했고, 입시를 위한 준비도 학교별로 크게 다르지 않았다. 내신 석차에 따라 어느 정도 수준의 대학이 합격 가능한지가 가늠이 되었다. 의과대학은 내신이 좋아도 심층 시험이 있는 전형이 대부분이라 지원하는 학교에 맞춰 심층 준비도 같이 해야 했다.

전국 광역을 선발 대상으로 하는 서울 영재고의 한 학년 정원은 120명이다. 서울의 중학생 수만도 10만 명인 것을 생각하면 교육에서 평등을 외치는 것이 다소 부끄러워진다. 대학에서 이 학생들을 어떻게 받아들일지, 이 학생들의 긍지와 학부모들의 자부심이 어떨지 짐작이 간다. 서울권 과학고는 두 학교를 합쳐 300명가량 되며, 역시나 우수한 학생들이 선발된다.

토마를 일반고에 보내고 나는 어느 집단에서든 극상위권의 우수성은 자웅雌雄을 겨룬다는 것을 알게 되었다. 매년 고등부 올림피아드에서 일반고 수상자가 나오는데, 그 학생들을 포함해 일반고에도 극단적으로 우수한 학생들이 많이 있다. 그 분포는 전국적이며, 매년 대입 결과로 봤을 때 200명 내외로 추려진다.

대략 서울대 의대와 연세대 의대 합격권을 계산한 숫자다. 한 해 수능을 치르는 인원이 60만 명이 넘는 것을 생각해보면 참으로 아찔한 숫자다.

과학고의 쾌적한 학교 환경과 일반고의 환경은 확실히 차이가 난다. 하지만 '차별'이 아닌 '차이'로 생각하면 된다. 학급 정원부터 큰 차이가 있다. 과학고는 한 학급에 20명, 일반고는 40명, 영재고는 15명 내외다.

과학고 학생들은 1학년 가을에 미국으로 수학여행을 간다. 로사의 학교 수학여행은 동부 아이비리그의 대학들을 돌아보는 프로그램이었다. 고등학생 때의 경험 때문인지 대학에 들어가서도 이러저러한 기회를 통해 외국으로 나가는 과학고 동창들이 많았다. 로사도 의과 대학생으로는 드물게 교환학생으로 뉴욕 주립대에서 한 학기를 보냈다. 조기졸업을 하는 학생들은 고등학교 입학부터 입시가 끝날 때까지 약 1년 8개월을 바쁘게 보내게 된다. 인원도 적고, 교육 환경도 좋아서 짧은 기간이었지만 질서 있게 일정이 진행되었다.

로사가 과학고를 다닐 때를 보면 과학고 등의 특목고는 우수한 학생들이 모여 있으니 면학 분위기도 좋고, 일부의 오해와는 달리 경쟁에 찌들어 있는 모습도 결코 아니었다. 또 과학고나 영재고는 입학과 동시에 대입이 어느 정도 보장된다. 좀 더 욕심을 내서 보다 높은 학교나 학과를 지망할 수 있지만, 고입을 힘겹게 치른 만큼 대입은 한결 수월하게 치르게 된다. 미래에 대한 최소한의 대비가 되어 있다 보니 학생들의 분위기는 밝고 사제지간에 흐르는 존경과 존중의 수준도 높다. 이미 중학교 시절에 성공을 경험해본 학생들이기 때문에 자신보다 우수하다 인정하는 친구에게 박수를 보내는 여유와 힘겨워하는 친구들을 도와줄 수 있는 능력도 갖춘 경우가 대부분이다.

다만 어느 대단한 특목고든 1등에서부터 꼴찌까지는 있기 마련이다. 특수 목적고인 만큼 간혹 내신을 뛰어넘는 재능으로 두각을 나타내는 경우도 있지만, 학생들 사이에서는 '특목고의 피해자'라는 말도 있다. 일반고에 갔더라면 좀 더 나은 결과를 갖지 않았을까 하는 학생들을 말하는 것이다. 가지 않은 길이기 때문에 알 수 없는 일이지만, 특목고든 일반고든 내가 있는 자리에서 최선의 결과를 얻기 위한 노력은 누구에게나 필승의 과제다.

토마는 일반고를 다니면서
아름답게 성장했다

나는 일반고에 다니는 토마를 과학고에 다녔던 로사처럼 공부시키려고 했다. 영재고를 준비히느라 과학 공부도 꽤 했기 때문에 해볼 만하다고 생각했다. 영재고, 과학고 학생들과 같이 화학 올림피아드를 준비시켰다. 그런데 내 생각은 완전히 잘못되었다. 문제는 로사가 과학고를 다니면서 입시를 치렀기 때문에 엄마인 내가 수능과 정시에 대한 이해가 부족했던 것. 더군다나 알고 보니 토마는 화학보다 물리에 강했는데, 미처 따져볼 생각도 하지 못했다.

일반고 학생에게 올림피아드 준비는 학교 일정에서 전혀 배려를 받을 수 없는, 어디까지나 개인적인 일이고 정작 입시에 큰 도움도 안 되는 일이었다. 토마의 올림피아드는 성과도 없었고, 경시 준비를 한다고 학교 내신도 챙기지 못한 처절한 시행착오였다. 고1 여름까지 붙들고 있던 올림피아드를 접고, 그 후로 학교생활에 만전을 기했던 것은 다소 늦은 감이 있었지만 옳은 결정이었다. 일반고 학생들은 힘겹게 올림피아드에서 성과를 낸다 해도 입시에서 수상 경력을 살리는 일이 쉽지 않다. 내신이 빼어나게 좋은 경우를 제외하고는 논술이나 수능으로 대입을 치를 가능성이 많기 때문이다.

로사의 과학고 동창들은 올해 대부분 대학을 졸업했다. 과학고를 2년에 마치고 조기로 진학했던 학생들이다. 과학고 학생들의 우수성은 진학에서든, 취업에서든 사회에 첫발을 내딛는 순간에도 여전히 빛나고 있다. 물론 토마의 선배들 중 일반고의 극상위권도 마찬가지다. 다만 과학고의 전교생이 훨씬 적으므로 상대적으로 하나하나의 성과가 좋게 보인다.

가끔 일반고를 가야 할지, 특목고를 가야 할지 고민하는 학부모를 만난다. 우선 그 질문을 하기 전에 냉철하게 그 고민을 할 필요가 있는지부터 살펴보길 바란다. 고민 자체가 환상일 경우가 대부분이기 때문이다. 현실은 냉혹하고 진실은 아픈 것이다.

고민할 수 있는 부모님들에겐 이 이야기를 하고 싶다. 나는 아이 교육에서 항상 수월성을 추구해왔고, 그 결과가 나쁘지 않았다. 최선을 위해 노력하다 보면 차선이 최선이 되기도 한다. 비슷비슷한 자원이 모여 있는 곳에서 확실히 내신을 챙기겠다는 의도야말로 건강하지 못한 생각이다. 일반고는 탁월한 내신을 선사하는 곳이 아니라 다양한 사회를 체험하는 생생한 교육의 현장이다. 토마는 일반고를 다니면서 참으로 아름답게 성장했다.

설명회 가서
얻어올 것은
입시 정보만이
아니다

규칙적인 생활 습관이
아이의 건강을 지켜준다

토마가 고2를 마감할 무렵이 되자 여기저기에서 대입 설명회가 열렸다. 대형 학원에서 주최하는 대입 설명회를 가보았다. 인근의 고등학교 강당을 빌려서 하는 대규모의 설명회였다. 과목별 강사들이 나와 해당 과목의 학습 방법에 대해 설명하고, 입시 전반에 대해 이야기해주는 강사도 있었다.

그중 한 강사의 말이 유독 인상적이었다. 그 강사는 초등학교 6년, 중학교 3년, 고등학교 3년을 모두 개근했고, 그 사실을 무척 자랑스럽게 생각한다고 말했다. 그런데 그게 본인의 성실함 때문인 줄 알았는데, 알고 보니 어머니의 힘이었다는 사실을 깨닫게 되었다고 했다. 나는 그 강사가 한 말을 그날의 어떤 입시 정보보다 중요하게 받아들였다.

설명회가 끝난 후 그 강사의 말을 되새기며 나는 무엇을 할 수 있을까 생각해보았다. 다른 건 몰라도 토마가 전교에서 가장 일찍 등교하는 학생이 되게 해줄 수는 있을 것 같았다. 3학년이 시작되자 토마는 학교에 제일 먼저 등교해 가장 일찍 아침 자습을 시작하는 학생이 되었고, 그 모습은 수능이 치러질 때까지 흐트러짐 없이 계속되었다.

설명회 가서 얻어올 것은 입시 정보만이 아니다.

고3이 되면 아이의 건강 관리에 집집마다 비상이 걸린다. 몸에 좋다는 약을 먹이고, 영양을 보충하며, 머리가 좋아진다는 희한한 건강식품도 해서 먹인다고 한다. 나는 아이가 건강한 몸과 정신을 유지하는 데 가장 좋은 방법은 규칙적인 생활 습관이라고 생각한다.

로사는 기숙사 생활을 한 덕분에 이 규칙적인 생활 습관이 잘 지켜졌고, 덕분에 고등학교 다니는 내내 감기 한번을 안 걸렸다. 토마는 비록 기숙사 생활을 하진 않았지만 나는 규칙적인 생활 습관을 갖도록 최선의 노력을 했다. 되도록 일정한 양의 수면을 취하도록 하고, 매일 같은 시간에 일어날 수 있도록 했다. 아침은 반드시 따뜻한 국과 몇 가지의 반찬을 준비해서 금방 한 밥과 함께 먹도록 했고, 과일 먹는 것을 귀찮아해서 사과 반쪽을 매일 강판에 갈아 예쁜 찻잔에 내주었다. 몸이 힘들 법도 했을 텐데 다행히 토마도 잔병 없이 고등학교 3년을 보낼 수 있었다.

학부모들의 질문 속에
귀중한 정보가 있다

두 아이의 입시가 끝날 때까지 나는 정말 많은 설명회를 다녔다. 대치동에 와서 얼마 안 되어 로사가 다니게 된 영어 학원에서 간담회를 한다고 해서 참석했다. 강사분들의 설명이 다 끝난 뒤 어머니들에게 허심탄회하게 건의하라 하길래 나는 평소 느꼈던 점을 진솔하게 이야기했다. 그런데 다 말하고 난 뒤 왠지 뒤통수가 불편했다. 아직 우리 사회는 '허심탄회'하게 의견을 개진할 수 있는 분위기는 아니라고 판단하고, 이후부터는 어떤 설명회에 참석하든 조용히 경청하다가 돌아왔다.

로사가 고입을 준비할 때 영재고의 입시 설명회를 가보았다. 질문 시간이 되자 한 어머니가 질문을 했는데, 그 내용이 학교 관계자를 당황시킬 만큼 예리했다. 저렇게 똑똑한 어머니의 아이는 도대체 얼마나 똑똑할까 싶었다. 설명회에 가면 뜻밖에 학부모들의 질문과 그 질문에 답하는 관계자의 말에서 정보를 얻는 경우도 종종 있다. 그러니 가능하다면 끝까지 자리를 지켜서 얻을 수 있는 정보를 챙기는 것이 좋다.

로사가 대입을 준비할 때는 몰라서 못 할 것은 없었다. 합격을 위해 노력할 것은 오직 아이의 실력을 키우는 일이었다. 하지만 일반고에서 입시를 준비하는 토마는 사정이 좀 달랐다. 수시와 정시를 모두 준비해야 하니 혹시 놓치는 정보가 있을까 걱정이 되었다.

대치동에는 설명회의 귀재들이 몇 분 있다. 대입 설명회로 유명한 한 학원에서 설명회가 있는 날에는 시작하기 5시간 전부터 어머니들이 줄을 서서 골목골목 그 줄이 똬리를 트는 진풍경이 연출되곤 했다. 각종 숫자의 의미를 해석하며 입시를 풀어나가는 솜씨에 감탄을 자아내는 그 선생님의 설명회는 입시를 경험해본 엄마들 사이에 입소문이 나서 항상 성황을 이루었다. 하지만 설명회가 유료로 전환된 후에는 그런 풍경을 볼 수 없게 되었다.

입시에서 숫자를 해석해내는 능력은 큰 위력을 발휘한다. 그런데 우리나라의 입시에는 구글 신*도 예측하지 못하는 변수가 있다. 그중의 하나가 언론의 영향력이다. 언론이 여론을 주도하

---

* 《구글 신은 모든 것을 알고 있다》에서 언급된 빅데이터를 통해 구글이 많은 데이터를 가지고 있고, 이를 통해 미래를 예측할 수 있다고 해서 붙여진 명칭이다.

는 순간 입시는 예측 불가의 혼돈에 빠지게 된다. 때로는 대형 입시 설명회에서 영향력 있는 인사의 말 한 마디가 여론을 형성하기도 한다. 예상치 못한 쏠림 현상이 나타나기도 하고, 반대로 인기학과가 미달이 되기도 한다. '입시는 운'이라는 둥, '운칠기삼' 등 자조 어린 목소리가 나오는 것도 무리가 아니다.

그러나 내가 두 아이의 입시를 치러본 소회로는 참으로 입시 결과는 '한 만큼 나온다'는 것이다. 불안한 마음이야말로 가장 경계해야 할 입시의 걸림돌이고, 두려움은 불합격을 부르는 나쁜 친구다. 입시는 인간적인 노력을 다한 후에 후회 없이 결과를 받아들이는 것. 진인사대천명盡人事待天命의 정직하고 겸허한 자세가 필요한 순간이다.

설명회는 2~3년 정도의
선행학습이 필요하다

지금은 꽤 알려져 있는 사실이지만, 설명회는 아이 학년보다 조금 높은 학년의 설명회를 다녀보는 것이 도움이 된다. 예를 들어 고입 설명회는 아이가 중1이 되면 관심을 가져야 한다. 아이가 고3이 되어서 대입 설명회를 다니기 시작했다면 이미 경쟁의 대열에서 한참 뒤처진 셈이다. 많은 엄마들이 뒤늦게 설명회를 갔다가 내가 이 이야기를 1, 2년 전에 들었더라면 하고 아쉬워했던 경험이 있을 것이다.

　아이의 학년보다 2~3년은 앞서서 정보를 알아야 아이에게 적용해보기에도 시간적으로 여유가 있다. 성질 급한 분들 중에는 중학생 어머니가 대입 설명회를 듣기도 하는데, 아무리 장기 계획을 세우려 한다 해도 그렇게까지 서두를 필요는 없다. 너무 많이 남았다 싶으면 오히려 긴장이 풀어질 수도 있기 때문이다. 과유불급過猶不及의 불문율은 입시에서도 예외는 아니다. 적당히, 그러나 조금 서둘러서 준비하는 정도로 페이스를 맞추는 것이 좋다.

배짱과 지혜,
부모가
갖춰야 할 덕목

입시에 대한 통찰력과
아이의 실력에 대한 믿음

고등 3학년 5월, 서서히 수시 원서를 준비해야 하는 시기다. 연일 수시와 관련된 기사가 신문에 대서특필되고 있다. 첫째 로사 때 난생 처음 아이의 대학 입시를 앞두고 세상에 이런 큰 일이 없구나 하며 긴장하고 불안해했다. 타의 추종을 불허하는 내신과 올림피아드 성적이 있었지만, 심층이라는 높고도 험한 관문까지 통과해야 했다. 대학은 학생에게 이렇게까지 심한 걸 요구하는가 싶어 안타까웠다. 하나하나 완벽하게 하기가 하늘의 별따기와도 같이 어려운 세 가지를 동시에 충족해야 비로소 합격이라는 훈장을 받을 수 있는, 어디에서 유래를 찾을 수 있을까 싶은 고난도의 입시 전형이었다.

입시가 다가올수록 입이 바짝 타들어 가고 온 몸이 후들거리는 것 같았다. 무엇이든 처음은 힘들고 긴장된다. 그렇기 때문에 더욱 준비에 완벽을 기하게 된다. 주변을 둘러보면 첫아이의 입시 성적이 이미 부모가 경험해보고 치르는 둘째의 입시 결과보다 좋은 경우가 많다. 아무래도 처음이라 더 많이 긴장하고, 그래서 겸손해지기 때문이 아닌가 한다.

입시에서 학생과 부모가 갖추어야 할 또 하나의 덕목이 있으니 바로 '배짱'이다. 엉성한 정보에 휘둘리기보다는 뚝심 있는 태도를 가진 부모의 아이가 입시 성과가 좋은 경향이 있다. 로사가 입시를 치를 때는 수시를 지원하는 데 횟수 제한이 없어서 10군데 넘는 대학에 원서를 넣는 학생이 많았다. 학부모들이나 학생들은 많은 대학에 지원하면 합격률도 높아질 것으로 생각하지만 그렇지 않다. 입시는 승자독식 체제이기 때문이다.

현재는 수시 원서를 6군데 낼 수 있다. 극상위권의 학생이나 학부모 중에는 한두 군데만 내고 승부를 보겠다는 배짱 두둑한 분들도 있다. 입시에 대한 통찰력과 아이의 실력에 대한 믿음에서 오는 자신감이다. 승리는 그런 분들을 비켜 갈 수가 없다. 나는 그다지 뚝심 있는 엄마가 못 되었다. 입시가 시작되자 모든 순간이 두렵고 떨렸다.

학교 수업에 집중할 것인가,
학원에 의존할 것인가

입시에서 학생부의 위력이 점점 강해지는 최근 몇 년간 내신은 전국의 학생과 학부모들에게 사생결단의 승부처다. 학교 시험을 대비한다고 학원에서는 4~6회 정도의 단기 내신 대비 강좌도 대거 마련하고, 발 빠른 엄마들은 팀 수업을 만드는 데 온 열정을 다 바친다.

로사가 다닌 과학고는 선생님들이 만든 자료로 대부분 수업이 이루어졌기 때문에 참고할 만한 자습서도 문제집도 딱히 없었고, 그럴 필요도 없었다. 석사급 선생님들이 만든 훌륭한 강의 자료였기 때문에 수업 시간에 집중해서 듣고 수업 자료를 열심히 공부하면 실력도 쌓이고 학교 시험도 잘 치를 수 있었다.

기숙사 생활을 했기 때문에 로사는 나와서 학원을 다니기도 번거로웠다. 내신 공부까지 학원에 의존하는 소모적이고 영양가 없는 일에 시간과 에너지를 낭비할 필요가 없어서 다행이었다. 그런 구조가 일반고에서도 이루어지면 좋으련만, 주변에 학원도 많고 참고할 자습서에 문제집도 종류가 헤아릴 수 없이 많으니 내신은 다소 소모적인 경쟁으로 흐르는 듯하다. 무엇보다도 사상누각처럼 쌓아올린 내신은 학생부종합전형을 비롯한 수시전형에서 힘을 발휘하기 어렵다. 결과에 대한 과정을 점검하고 심충적 다면적인 서류 평가를 하기 때문이다. 입시는 '정직'과 '진정성'을 기반으로 한다. 비단 입시에서만이 아니라 인생 전반에 걸쳐 정직은 인간이 인간을 대하는 최선의 태도다.

내신 대비 강좌는 들은 것과 안 들은 것에 별반 차이가 없는 무의미한 일인데도 엄마들은 조급한 마음에 끝도 없이 내신 공부를 시킨다. 내신 팀 수업은 더욱 안타깝다. 상대평가를 하는 내신 수업을 같은 학교 학생들이 한 팀을 이루어 수업을 듣는 경우가 많다. 주로 전교권 아이의 엄마 주도로 만들어지는 내신 팀 수업의 결과는 다시 평행이동이다. 석차에 큰 변동을 기대하기 어렵다.

수업 시간에 듣지 않고도 다른 방법을 이용해 좋은 성적을 받을 수 있다면 학교의 시험 출제 경향에도 문제가 있다. 시험은 학교 선생님이 출제한다. 학교 선생님의 수업 시간에 집중하고 철저하게 복습해온 학생이 좋은 성적을 거둘 수 있는 당연한 구조가 정착이 되었으면 한다.

각고의 노력으로 전교 1등을 하고도 일반고에서는 이 학생들이 재수를 하는 경우가 왕왕 있다. 우리 아이가 원하는 목표를 이루기 위해 급하고 중요한 일은 무엇인지, 그러기 위해 유능한 학원 선생님들을 어떻게 사용할지는 지혜로운 엄마의 몫이다.

아이들의
보물상자
만들기

아이에 관한
모든 걸 모은다

나는 요즘 아이들에게 몰두해온 지난 20여 년 동안 잊고 지냈던 기억들을 하나씩 찾아내고 있다. 몇십 년간 소식도 모르고 지내던 친구들을 만나고 빛바랜 사진을 보며 지난날을 추억한다. 사람이 나이 들면 추억으로 산다더니 이제 나도 그 말을 실감하는 나이에 접어들었나 보다.

사실 무엇인가를 오래 보관한다는 것은 쉬운 일이 아니다. 그래서 오래된 것은 귀하다. 출생률이 급격히 떨어진 요즘, 젊은 엄마들은 더욱 소중히 아이에 관한 기록들을 보관하고 있을 것이다. 세세한 성장 모습이 기록된 성장앨범이나 블로그, SNS 등을 통해 아이에 관한 기록들을 꾸준히 보관하고 있는 모습을 보게 된다. 기록은 항상 중요하다. 책을 쓰면서 좀 더 기록할 것을, 좀 더 모아둘걸 하는 아쉬움이 많았다.

입시에서는 최근 3년(예를 들어 대입은 고등학교 입학 후로 제한)의 활동 내용을 입시에 반영한다. 최근에는 특목중부터 시작해서 언제 우리 아이가 입시를 준비하게 될지 모르는 일이다. 인생의 기록으로 혹은 입시를 위한 서류 준비로도 아이의 발자취를 모아두는 일은 엄마가 신경 써서 해두면 도움이 된다.

로사를 임신했을 때 홍정욱의 《7막 7장》이라는 책을 감동적으로 읽었다. 그 당시로는 드문 미국 조기유학 성공기였는데, 특히 나는 어머니의 교육열이 인상적이었다. 현재 헤럴드미디어의 회장인 홍정욱의 어머니는 아들과 관련된 모든 시시콜콜한 것들을 모아 커다란 보물상자에 보관해왔다고 했다. 아들이 결혼할 때 그 보물상자는 가장 중요한 혼수로 보낼 것이라고도 했다.

엄마의 정성과 사랑이 자식을 그토록 훌륭하게 만들었구나 하면서 나도 아이가 태어나면 보물상자를 만들어야겠다고 결심했다. 아이를 낳고 기르면서 그 결심을 실천했고, 나는 아이들의 보물상자를 만들어 주로 학업에 관련된 자료들을 모았다. 상장, 성적표, 임명장, 일기장, 아이의 사진과 학교가 소개된 신문 등등. 학년 말에 친구들이 일제히 써주는 카드에서 아이들에 대한 정겨운 칭찬과 예리한 평가들도 모아두었다. 심지어 비닐에 보관된 토마의 빠진 치아를 발견하곤 화들짝 놀라기도 했다.

인간의 기억력은 한계가 있어서 메모하거나 보관해두지 않으면 시간이 흐른 뒤 잊어버리게 된다. 입시를 준비하면서 자기소개서를 작성할 때 이런 보물상자가 있다면 잊고 있던 아이의 훈훈한 에피소드나 특별했던 아이의 능력도 되찾을 수 있게 된다.

나는 보물상자를 다시 정리하면서 지나간 시간들이 새삼 떠올라 잠시 회상에 젖었다. 보물상자 안에 고이 간직되어 온 아이들의 흔적을 살펴보면 정제된 다이아몬드처럼 반짝였다기보다는 투박한 원석 같았다고 할까. 꾸준하고 묵묵하게 걸어온 아이들의 자취는 입시에서도 그대로 드러났던 것 같다.

관련 기사 스크랩도 입시에
귀중한 자료가 된다

토마가 고입을 준비할 때 과학고 입시에도 입학사정관제가 도입되어 준비해야 할 서류가 제법 있었다. 자기소개서를 쓰면서 지나온 자료들을 찾았는데, 경원대 영재원 자료를 찾을 수가 없었다. 내가 정리를 하다가 버려버린 것이었다. 일이 안 되려면 안 되는 방향으로 흘러간다더니 결국 토마는 과학고에서 고배를 마셨다.

아이들 입시와 관련된 자료들을 꾸준히 스크랩하는 것도 엄마의 노력이 필요한 일이다.

이후 나는 토마에 관한 모든 자료는 철저히 보관했다. 학교에서 받은 가정통신문, 설명회 자료, 정기고사 시험지 및 수업자료 하나까지 보관했다. 이런 시시콜콜한 자료들은 자기소개서를 쓸 때 뜻밖의 좋은 소재가 되기도 하고, 내용에 신빙성을 더해주는 귀중한 자료가 된다.

수시를 대비하면서는 내가 관련 기사를 스크랩하기도 했다. 결국 아이가 스크랩한 기사를 참고하며 준비할 만큼 시간적인 여유가 있었던 것은 아니지만, 그때그때 스크랩하면서 간략하게나마 내가 이야기를 해주다 보니 안 했던 것보다는 낫지 않나 생각한다. 이런 정성과 노력은 아이의 입시에 어떤 식으로든 긍정적인 영향을 준다. 많은 자료와 기록을 바탕으로 작성된 자기소개서 1,000자에는 글자수 이상의 의미와 감동이 담기게 될 것이다.

PART 4

학생부
종합전형의
이해와
준비

도대체
학생부종합전형이
무엇인가요

학생부종합전형의
가장 중요한 평가 요소는 '서류'다

학생부종합전형은 학생부(교과와 비교과), 자기소개서, 교사추천서 등의 서류 평가와 면접 등을 통해 지원자의 학업 능력뿐만 아니라 학생이 기울여온 노력과 열정, 앞으로의 발전 가능성까지 종합적으로 평가하는 전형 방식이다. 교과 성적, 교내외 활동 결과뿐만 아니라 그 동기와 과정까지 평가해 학업 능력이 뛰어나고, 모집 단위의 전공적합성이 인정되는 학생을 선발하기 위한 방식이다. 특히 상위권 대학으로 갈수록 종합적으로 수험생을 평가할 수 있는 서류를 반영하는 대학이 많아 학생부종합전형이 차지하는 비중이 높다.

　예전에 한 입시 관계자분이 "대학이 학교에 CCTV를 설치한 것처럼 학생을 잘 뽑아간다"라고 말한 적이 있다. 대학은 고등학교를 직접 방문해서 학생을 선발할 수는 없지만, 마치 고등학교에 설치된 CCTV를 보는 것처럼 학생을 속속들이 파악해서 최종 선발에 낙점을 찍는다. 학생의 학교생활 모습이 학생부에서, 교사추천서에서, 그리고 자기소개서를 통해서 거짓 없는 영상처럼 입학사정관의 눈에 그려지기 때문에 가능한 일이다.

　학생부종합전형의 가장 중요한 평가 요소는 '서류'다. 서류 평가는 학교생활기록부와 자기소개서, 교사추천서를 종합적으로 평가하는 과정이다. 제출된 서류를 통해 학생의 학업 능력과 지적 호기심, 자기주도성, 적극성, 열정 등이 평가된다.

　보통 서류로 일정 배수의 인원을 선발한 후 2단계에서 면접 혹은 구술고사를 실시해 1단계 성적과 합산해 최종 선발하는데, 학교에 따라서는 단계별 전형 없이 서류 평가만으로 최종 인원을 선발하기도 한다. 전형 방법이 같더라도 대학별로 요구하는 평가 기준이 다르므로 지원하려는 대학의 서류 평가 요소, 면접 방법 등의 세밀한 분석이 필요하다.

　학생부종합전형은 서류 평가가 큰 비중을 차지하는 만큼 지원 분야에 대한 전공적합성 등이 잘 드러나도록 준비해야 한다. 지망하는 학과와 관련된 경시대회 수상 실적을 꾸준히 낸다면 진로로 나아가기 위한 노력으로 좋은 평가를 받을 수 있다. 다른 분야의 소양을 보여주는 것도 좋지만 핵심은 전공적합성이다. 학생부 교과 영역 역시 중요한 평가 기준인 만큼 그동안 쌓아온 비교과 실적이 많다고 해도 좋은 교과 성적이 비교 우위의 경쟁력을 갖게 된다는 점은 학생부종합전형에서도 예외가 아니다.

대학으로 가는 길은 학생부종합전형만 있는 것이 아니다. 수시 논술전형을 노려볼 수도 있고, 정시의 기회 또한 누구에게나 열려 있다. 학생의 준비 상황에 맞고 승률을 높일 수 있는 전형을 선택해서 집중하는 전략이 필요하다. 다만 학생부종합전형은 선택에서 배제한다는 이유로 학교생활을 소홀히 하는 것은 좋지 않다. 실제로 학교 현장에서는 자신과는 상관없다는 이유로 학생부중심전형(학생부교과전형+학생부종합전형)을 준비하는 친구를 방해하는 행동을 하는 학생도 있다. 팀 프로젝트에서 맡은 역할을 전혀 하지 않고 팀 성적을 엉망으로 만들어버리는 식이다.

그런데 그런 왜곡된 학생이나 학부모의 사고에서 미처 계산되지 못한 사실이 있다. 아이들과 선생님들이 갖게 되는 그 학생에 대한 기억이다. 되돌릴 수도, 수정할 수도 없는 타인의 기억 속에 그 옳지 못한 행동은 고스란히 담겨진다. 요즘은 입시가 한 가정의 큰 일이다. 인간사에 인륜지대사인 혼인이 그러하듯 입시에서도 선하게 노력하며 살아온 사람들에게 값진 결과가 주어지는 것은 어쩌면 당연한 자연적 귀결이라 하겠다.

학생부종합전형은
학생과 학교의 합동경연의 장이다

학생부를 제출하는 수시 전형에서 합격했다면 그 결과는 학생의 힘만으로 된 것이 아니다. 학생부종합전형은 내신성적 외에 비교과 활동도 평가해서 학생을 선발하는데, 비교과 활동의 주요 평가 항목인 교내 상 수상 기록, 봉사 활동, 동아리 활동, 독서 활동 등이 모두 학교에서 이루어지기 때문이다.

봉사는 학교에서 권장하는 단체 봉사가 있고, 개인적으로 찾아서 할 수도 있다. 학교가 얼마나 다양하고 의미 있는 프로그램을 운영하고 있느냐는 사실 수시 합격의 관건이다. 수시 합격생을 얼마나 배출하는가를 보면 그 학교의 저력을 알 수 있다.

학생부에는 그 학생이 학교생활을 어떻게 했는지, 동시에 학교의 환경이 어떠한지가 고스란히 드러나게 된다. 아무리 우수한 학생이라도 학교에 그 우수성을 드러낼 프로그램이 없다면 대학은 이 학생의 우수성을 알아보기가 힘들다. 대학은 학생이 제출해야 하는 서류와 별도로 학교에 학교소개 자료를 제출하도록 하고 있다. 학교소개 자료에는 교과 개설 현황, 교내 시상 현황, 학내 프로그램 개설 현황 등이 담겨 있다. 수시 학생부종합전형은 우수한 학생과 그 학생이 그 우수성을 드러낼 수 있는 기회를 펼쳐주는 학교의 합동경연의 장이다.

학교에 대한 정보는 각 학교 홈페이지나 학교 알리미 사이트에서 자세히 살펴볼 수 있다. 학교 홈페이지는 자주 들어가서 학교의 동향을 살펴보는 것이 중요하다. 아이들이 미처 전달하지 못한 비교과 활동 프로그램의 일정 등을 확인할 수도 있다. 특히 교내 경시 등은 신청 날짜가 지나면 참가할 수 없으므로 항상 주의를 기울여야 한다.

학생부종합전형의 종합적 평가 방식은 많은 장점을 갖고 있지만, 평가자의 주관이 개입될 우려가 있다는 점은 항상 문제점으로 지적되어 왔다. 그러나 학생부종합전형이 공교육을 정상화하는 데 기여한다는 것이 대체적인 고등학교 현장의 평가다. 대학은 해가 갈수록 학생부종합전형으로 선발하는 인원을 늘리고 있다. 이 전형을 통한 학생 선발의 탁월한 기능을 인정하고 있다는 반증이기도 하다.

입시는 시스템이다. 입학사정관제(학생부종합전형의 예전 명칭)가 정착된 대학에서는 자기소개서나 교사추천서의 표절 검사 프로그램을 비롯해 다수의 평가자에 의한 다단계 평가 시스템을 운영하며 평가의 신뢰성과 공정성을 확보하고 있다.

어떤 학생들이
학생부종합전형을 준비하는가

학생부종합전형은 수능 최저학력기준을 두는 대학이 많지 않고, 내신성적만을 기준으로 평가하는 전형이 아니기 때문에 학생들에게 인기가 많다. 실제로 입시 결과에서 내신의 역전이 일어나기도 한다. 지역에 따라서, 혹은 지원하는 학과에 따라서 전교 성적권 학생들은 학생부교과중심전형보다 학생부종합전형을 선호하기도 한다. 지원하는 학과의 전형별 모집요강을 비교해보고 어느 전형이 유리할지에 대한 예민한 검토가 필요하다.

전공적합성이 뛰어나고 주도적으로 충실히 학교생활을 한 학생들은 다른 어떤 전형보다 학생부종합전형이 유리하다. 물론 교과 성적은 중요한 평가 사항이다. 비교과만 우수한 학생에게는 기회가 주어지지 않는다.

학생부종합전형은 서류가 중요한 평가 요소다. 이때 서류는 자기소개서, 학생부, 교사추천서를 말한다. 교과 성적이 뛰어나고 비교과 활동이 충실하게 이루어져 학생부가 훌륭한 학생, 자기소개서에 자신의 변화와 성장을 담아내고 남다른 꿈과 열정을 표현해낼 수 있는 학생에게 적합한 전형이다. 훌륭한 학생부와 바른 인성을 갖추고 남다른 노력을 보이며 성실한 태도를 가진 학생이라면 선생님께 좋은 추천서를 받을 수 있을 것이다.

정성적 평가와 정량적 평가에 대한 이해

내신은 수치로 표시되지만, 대학은 '양'이 아닌 '질'로 평가한다

학생부에서 가장 비중 있게 평가되는 것이 교과 성적, 즉 내신이라는 것은 두 말 하면 잔소리다. 그런데 내신에 대해서는 섬세한 이해가 필요하다. 교과 성적 지표는 학생의 학업 능력을 판단할 수 있는 많은 자료 중 하나다. 대학은 학생의 학업 능력을 교과 성취도 외에도 '교내 수상' 실적에서, '세부능력 및 특기사항'에서, '창의적 체험 활동'에서, 그리고 자기소개서와 추천서를 통해서 다각적으로 판단한다.

교육 환경과 자원이 다른 전국의 수많은 고등학교 학생들의 내신을 단순히 수치상으로 비교 평가할 수 없으므로 '양'이 아닌 '질'을 측정하는 정성적인 평가를 한다. 입학사정관은 학교소개 자료를 통해 학교 교육과정을 포함한 학교 교육 내용, 시상 내용, 재학생 수 등 고등학교의 교육 환경을 먼저 파악한다. 수치의 이면에 숨어 있는 노력의 과정과 잠재력 등을 평가하는 방식이 학생부종합평가에서 중요시되는 정성 평가인 것이다. 정량적인 수치에서 별 차이가 없는 최상위권 학생들의 지원이 몰리는 대학일수록 세밀한 정성적 평가를 할 수밖에 없다.

과학고 등 특목고 학생들의 내신은 정량적 평가와 정성적 평가가 일치하는 경우가 많다. 이미 여러 단계의 평가 과정을 통해 선발된 학생들이기 때문이다. 특목고 학생들의 수시 입시 결과에서 내신 석차가 역전되는 경우가 드문 이유가 여기에 있다. 정성적인 평가에 대한 이해는 이제 더 이상 새롭거나 난해한 개념은 아니다. 그러나 입시에서는 정확한 이해가 중요하다.

점점 상승한 내신은 분명 매력적인 내신이다. 학생의 노력과 저력이 한눈에 보이기 때문이다. 한 대학 입학 설명회에 갔을 때의 일이다. 정성적인 평가에서 높은 점수를 받기 위해서는 '점점 상승한 내신이 좋은 건가?'라는 질문에 입학사정관은 처음부터 끝까지 전교 1등한 내신이 가장 우수한 내신이라며 당연한 상식을 확인해주었다.

로사의 과학고에서는 중간고사와 기말고사 성적 산출이 끝나면 매번 전교 1등에서 50등까지의 명단을 2층 복도 끝에 학생들의 눈에 잘 띄는 곳에 붙여두었다. 매번 맨 꼭대기에 로사의 이름이 적혀 있는 것이 자랑스러워 아이를 데리러 갈 때 올라가서 사진을 찍어오곤 했다. 그런데 2학년이 되었을 때 대학생들의 자살 사건이 이어지자 학교는 더 이상 명단을 공개하지 않기로 결정했다. 경쟁이 학생들을 힘들게 한다는 우려 때문이었다.

그런데 방을 거두자 왠지 학습 분위기가 나태해지는 것 같았다. 로사 학년의 입시 실적이 전에 비해 전반적으로 좋지 않았는데 그런 영향이 있지 않았을까 추측해본다. "닦고, 조이고, 기름 치자!" 학생이 한창 공부할 때는 이런 표어도 어울린다. 학생 스스로도 느슨해지는 것을 경계해야 한다.

숫자는 가끔 말이나 글보다
많은 말을 할 때가 있다

토마의 정량적 내신은 썩 높지 않았다. 사실 입시 결과가 나올 때까지는 나도 아들의 학생부가 정성적으로 어떻게 평가될지 알지 못했다.

토마는 고등학교 1학년 때 성적이 안 좋았다. 과학고 준비로 뒤처진 국어와 영어를 따라잡느라 바빴고, 올림피아드 준비라는 시행착오도 있었다. 다만 '과학의 달' 행사로 치러진 교내 과학 경시대회에서 수학과 수리과학 논술에서 상을 받아 우수성과 잠재력을 확인한 정도였다. 1학년이 교내 경시에서 상을 받는 일은 드문 일이었기 때문이다.

인기 동아리인 생물부에 최우수 성적으로 들어가고, 교내 영재학급에 선발되어 주1회 수학, 과학 융합형 심층 수업을 받은 것 등이 1학년 때의 특기 사항이었다. 수학은 입학 테스트를 통과해야 들어갈 수 있는 일반고 최상위권 학생들이 다니는 학원을 다니며 실력을 다졌다. 인근 학교의 똑똑한 학생들이 모인 곳이어서 2학년이 끝날 때까지 높은 수준의 수학을 공부할 수 있었다. 수능 수학 준비는 같은 학원을 다녔던 다른 학교 학생들 몇 명과 함께 소규모로 했다.

토마는 심층 수학에 익숙하고 고난도의 문제를 즐기는 편이라 수시 논술전형을 염두에 두고 있었다. 수리논술 학원을 2학년 겨울방학부터 다녔는데, 재수생, N수생이 많이 다니는 곳으로 유명한 곳이었다. 매주 모의 논술 시험을 봐서 석차 상위 20명의 명단을 보드에 걸었는데, 토마는 거의 매번 최상위권에 이름을 올렸다.

이과로 나뉘어 처음 치른 2학년 1학기 중간고사에서 토마의 성적은 전 과목에서 수직상승했다. 그 정도가 선생님들이 놀라시고 다른 전교권 학생들이 긴장하는 수준이었던 모양이다. 그러나 대치동 일반고의 내신은 철옹성이었다. 성적이 꾸준히 상승했지만, 1학년 때 지키지 못한 내신을 만회하기엔 역부족이었다. 다만 수학2나 적분과 통계, 화학2 등 학생들이 어려워하는 과목에서 변별력이 나뉘는 고난이도의 문제를 토마가 전교에서 유일하게 풀어내는 도발을 가끔씩 하는 정도였다.

워낙 학업 수준이 높은 곳이다 보니 이 지역 중고등학교의 내신 경쟁은 그야말로 치열한 생존의 현장이다. 선생님들도 변별력 있는 시험 문제를 내는 데 고충이 많다고 했다. 변별력을 높이기 위해 고난도의 문제를 만들어내기도 하고, 수업 시간에 졸지 않고 잘 듣는 학생들을 위한 문제가 출제되기도 한다. 이런 문제들은 벼락치기로는 점수 받기가 어렵다. 학원의 단기 내신 대비 강좌로는 더더욱 대비가 안 된다. 오랜 시간 갈고 닦으며 쌓아온 학생의 실력과 성실한 자세로 선생님의 노고가 깃들여진 수업에 집중해온 학생의 태도에 주는 빅보너스 점수다. 그것은 준비된 학생에게 주어지는 기회의 영역이다.

숫자는 가끔 말이나 글보다 많은 말을 할 때가 있다. 하나의 에피소드, 해프닝과 같았던 토마의 도발적인 점수는 고스란히 숫자로 학생부에 기록되었다. 학생부의 교과학습발달상황, 즉 내신은 과목 옆에 단위수, 원점수, 과목평균, 표준편차, 석차등급, 수강자 수가 나타난다. 이 세세한 기록들을 통해 전문가나 컴퓨터의 프로그램은 이 학생의 잠재력과 노력 정도까지를 해석해낼 수 있는 것이다. 토마의 경우 성적의 비약적인 상승이라든지 과목별 평균과 표준편차, 원점수에서 정량적으로는 미처 다하지 못한 많은 말들을 하고 있었다.

가끔 학교에 시험 문제를 쉽게 내달라고 요청하는 학부모들이 있다. 입시에 대한 이해를 조금이라도 하고 있다면 감히 해서도, 할 수도 없는 엉성한 요구다. 전교생에게 모두 쉬운 시험은 본인의 아이는 물론 전교생의 학생부를 입시 시장에 헐값에 내놓는 결과를 초래한다. 아이를 어려운 시험에 단련시키는 것이 결국 입시에서도, 인생에서도 승리하는 길이라는 사실을 잊지 말아야 한다.

고등학교 1학년 때까지도 평범했던 토마의 성적이 2학년이 되어 비약적으로 상승한 이유가 무엇이었을까를 생각해보았다.

첫째, 무엇보다 중요한 이유는 1학년 때 성적이 안 좋았다. 상대적으로 좋아진 것이었다. 1학년 때는 올림피아드라는 시행착오 때문에 내신을 잘 받을 기회를 놓쳤다. 그러나 1학년 1학기보다는 1학년 2학기가 좋았고, 1학년 전체 성적보다는 2학년 성적이 좋았다. 3학년 때는 1등급을 못 받은 과목은 모두 2등급에서 1등이었다. 3년간 꾸준한 상승세를 보인 성적이었다. 로사처럼 시종일관 부동의 1등 자리를 지킨 것은 아니었지만, 학생의 성실한 노력과 잠재력이 드러나는 매력적인 내신이라는 것은 분명했다. 과연 토마의 성적 향상은 대학으로까지 꾸준히 이어졌다. 고등학교 때도 받아보지 못한 성적 장학금을 대학에 가서 받았다.

둘째, 토마는 모든 과목에서 심화 학습을 즐겼다. 초등학교 고학년부터 시작한 수학 경시 공부와 경원대 영재원, 연세대 영재원을 수료하면서 심층 수업은 토마에게 자연스러운 훈련이 되었다. 수학의 심화 학습에 익숙하게 적응하면 그 밖의 과목은 그다지 어렵지 않게 받아들일 수 있게 된다. 이미 새로운 걸 배울 수 있는 능력을 갖추었기 때문이다. 덕분에 토마는 과학이나 영어, 국어 등의 엄청난 학습량도 거뜬히 소화할 수 있었다.

셋째, 겨울방학은 아이들에게 도약의 시간이다. 토마는 고등학교 때 두 번의 겨울방학을 성공적으로 보냈다. 여름방학은 짧고 날씨도 더우니 언제 갔나 싶게 허무하게 끝나버리는 경우가 많은데, 겨울방학은 어떻게 보내느냐에 따라 아이들이 크게 성장할 수 있는 기회로 만들 수 있다. 토마는 1학년 겨울방학 때는 수학과 과학의 심층 학습에 시간과 노력을 많이 들여 2학년이 시작되자 교과와 비교과에서 우수한 성과를 냈다. 그리고 2학년 겨울방학에는 수능 준비에 몰입해 3학년이 되어 3월 첫 모의고사에서 전교 1등을 차지했다. 방학 동안 집중적으로 학습한 효과가 즉각즉각 나타난 것이었다.

학생부의
기본은
진정성

물 흐르듯 한 목소리를 내는
3년간의 기록

학생부종합전형을 준비하는 학생은 서류 평가에서 좋은 점수를 받기 위해 오늘도 눈앞의 만족을 미룬 채 자신을 통제하면서 최선을 다하고 있을 것이다. 그렇게 하루하루의 땀과 수고가 모아져 마침내 3년의 기록으로 완성되는 것이 학교생활기록부다.

최근 입시의 새로운 트렌드로 급부상한 학생부종합전형 준비가 과열 양상을 보이는 듯하여 우려가 된다. 제때에 값진 결실을 못 맺고 재수의 길로 들어서는 순간 학생부의 가치는 급격히 떨어진다. 그해의 가장 우수한 현역 그룹이 수시 학생부중심전형으로 흡수되기 때문이다. 상위권 대학, 상위권 학과일수록 그런 경향을 보인다.

입시 정보는 너무 많이 아는 것도 독^{毒}이다. 정보의 홍수 속에서 해서는 안 될 실수를 할 수 있기 때문이다. 가장 치명적인 것은 허위와 과장이다. 오직 알아야 할 정보를 정확히 아는 것이 중요하다. 지망하는 학교, 학과의 전형 안내책자를 반복해서 읽음으로써 간과하는 내용이 없도록 하는 것은 무엇보다 중요하다. 자꾸 읽다 보면 행간에 숨은 뜻까지도 파악할 수 있게 된다.

학생부를 멋지게 꾸미기 위해서 무리수를 두는 것은 금물이다. 특히 뒤늦게 수정해가며 꾸민다면 입학사정관은 수정한 내용을 빨간 글씨로 보게 되니 더욱 그 진위를 살피게 될 것이다. 학생부종합전형에 대비하기 위해 전공에 적합한 최상의 시나리오를 작성해 아이를 그에 맞추고 있다면 그 부자연스러움 또한 합격의 덫이 될 수 있다. 학생부는 '교과 성취도'에서, '교내 수상 실적'에서, '창의적 체험 활동'과 '세부능력 및 특기사항'에서, '행동 특성 및 종합 의견'에서 신기하게도 학생에 대해 한 목소리를 내는 3년의 누적된 기록이다.

3년간 계속되는 선생님들의 정성적인 평가와 학생의 교과와 비교과 성취도에서 얻어진 결과를 종합해 분석해보면 학생을 보지 않고도 학생에 대한 평가가 가능해진다. 예를 들어 '친구들에게 신망이 높고 수학, 과학 실력이 뛰어난 성실한 자질의 통섭형

리더' 등으로 학생부를 통해 그려진 학생의 모습을 한 줄로 묘사할 수 있는 정도다. 3년에 걸쳐 보여진 학생의 모습은 여러 선생님들과 친구들에게 같은 형태로 그려지기 마련이다. 다소 이기적인 모습을 보였던 학생이 학년이 바뀌고 갑자기 친구들에게 신망을 얻기는 어려운 일이고, 교과 성적은 부진한데 비교과에서 실적이 두드러지는 엇박자가 나기도 쉽지 않은 일이다.

역설적이게도 좋은 학생부는 좋은 서류 평가를 받기 위해 노력해서 얻어지는 것이 아니라 노력하다 보면 훌륭하게 만들어져서 좋은 평가를 받게 되는 것이다. 3년이라는 짧지 않은 시간의 기록이고, 학생에 대한 여러 선생님들의 정성적인 평가가 담겨 있기 때문이다.

학생부는 진정성을 기반으로 한다. 로사가 과학고에 입학할 당시만 해도 아직 진로를 정하지 못하고 있었다. 내신성적이 어떻게 나올지 몰랐기 때문이다. 간혹 희망하는 진로가 너무나 확고해 일찍부터 전공 관련 활동에 집중해온 학생들이 있는데, 특목고에서도 이런 학생들이 흔하지는 않다. 있다 하더라도 대입까지 성공하는 경우는 대부분 교과 성적이 뛰어난 경우였다. 성장하면서 장래희망은 본인의 희망에 따라 바뀔 수도 있고, 어쩔 수 없이 바뀌기도 한다. 혹시라도 학생부에서 학년에 따라 진로희망사항이 바뀌었다면 자기소개서나 추천서를 통해서 소명을 해야 한다.

로사는 화학 올림피아드를 준비하기로 했으니 내심 화학과를 생각하고 있었다. 그런데 1학년 1학기 중간고사에서 1등을 하고 조심스럽게 의대를 꿈꾸기 시작했다. 과학고에서 의대에 진학하기는 매우 어렵고, 과학고의 특성상 의대를 희망한다고 말하기도 불편한 분위기다. 반면 토마는 이과로 가서 의대로 진학하는 것을 본인도, 우리 부부도 희망했다. 공부의 방향도 그쪽으로 맞춰졌다. 그런데 그 이상의 계획을 세우는 것은 크게 의미가 없다. 덜컥 목표부터 높게 정해놨다가는 그것을 따라가지 못하는 내신 때문에 학년이 올라갈수록 낮아진 목표에 대해 궁색한 변명을 해야 하는 상황이 오게 될지 모르기 때문이다.

일단 내신성적이 나와야 실현 가능한 목표도, 계획도 세울 수 있다. 수시에 집중할지, 정시를 준비해야 할지, 수시에 집중한다면 어느 정도까지 바라볼 수 있을지는 엄밀히 말해 내신성적이 기준이 된다. 성적이야말로 학교 안에서 이루어진 학업 활동에 대한 학생의 성실성과 노력, 학습 능력과 그 잠재력까지 가늠해볼 수 있는 척도이므로 학생부종합전형의 도입 취지를 가장 만족시키는 평가 요소이기도 하다. 그러니 학업에 전념하여 좋은 내신성적을 받는 것은 매우 중요한 일이다.

그러나 1학년 1학기 중간고사가 시작되기 전에 결정되는 중요한 비교과 활동들이 있다. 동아리를 결정하고, 4월 '과학의 달' 행사에 참여하는 일 등이다. 영재학급 등의 방과후 비교과 활동의 선발 시기도 이 즈음이다. 이런 중요한 교내 활동은 아이의 고등학교 생활 전반에 영향을 줄 수 있으니 일단 기회가 닿는 대로 참여하는 것이 좋다. 뜻밖의 좋은 성취를 이루고, 한껏 고무된 상태에서 중간고사를 잘 치를 수도 있으며, 결과가 안 좋더라도 아이에게 경험이라는 재산은 남게 된다. 2, 3학년이 되어 다시 도전해볼 수도 있고, 다른 방향을 좀 더 진지한 자세로 고민해보는 계기가 될 수도 있다.

토마의 경우 학교를 다니면서 코앞에 닥친 가장 가까운 일정에 우선해 집중했고, 수업과 비교과 활동은 적극적으로 참여했다. 그렇게 꾸준한 페이스를 유지하며 3년을 보내다 보니 학생부는 물 흐르듯이 작성되었다. 3학년이 되어 처음으로 출력해 읽어본 학생부는 신기하게도 수상 경력에서, 창의적 체험 활동 상황에서, 세부능력 및 특기사항에서, 행동 특성 및 종합 의견란에서 토마에 대해 한 목소리를 내고 있었다.

학생부종합전형이 중요한 입시의 흐름을 지배하다 보니 1학년 때부터 학생부 관리에 들어가야 한다고 말한다. 나는 어느 누가 그렇게 주도면밀하게 학생부를 꾸밀 수 있을까에 대해 회의적이다. 고1 때부터 학생부를 꼼꼼히 관리했다는 어느 어머니는 아이의 교과 성적과 목표 대학의 내신 반영 비중 등을 살피며 '다음 시험에서 어느 과목을 더 공부해야 하는지'까지 알려줬다고 한다. 그렇게 말 한마디로 올릴 수 있는 성적이라면 그 학생은 아무런 계획도, 전략도 필요하지 않을 것 같다.

엄마의 관심과 입시에 대한 공부는 반드시 필요한 것이다. 하지만 얕은 정보를 접한 후 섣불리 간섭한다면 오히려 아이에게 혼란과 불필요한 압박만 주게 된다. 진로에 대한 큰 그림을 그린 후 학생부는 학교와 선생님에게 맡겨야 한다. 학생에 대한 정성적인 평가는 당연히 선생님들의 고유한 영역이다.

어느 열정적인 어머니가 학교 교무실에서 선생님과 함께 키보드를 두드려가며 학생부를 작성했다는 전설 같은 실화가 있었다. 차마 부끄럽고 낯 뜨거워 어찌할 바를 모르겠는 상황이다. 그렇게 작성한 학생부가 힘을 발휘했을 리 없다. 그 어머니의 아이는 결국 재수의 길로 들어섰다. 입시가 중요하지만 선생님의 권위와 자존심을 밟아도 될 만큼 중요한 것은 아니다. 부디 현명하고 품위 있는 어머니의 모습을 지켜주시기를. 그리고 마침내 승리하시기를 부탁드린다.

내가 학생부의 자연스러움을 강조하는 데는 이유가 있다. 토마가 서울대 의대 수시 일반전형에 지원한 후 1차 서류 평가에 합격할 때까지 나는 토마의 학생부가 그토록 높은 평가를 받을 수 있을지 몰랐다. 정량적인 수치로는 높은 내신이 아니었기 때문에 자신이 없었다. 다만 모의고사 성적이 좋아서 정시로 합격할 가능성을 두고, 수시는 담임선생님의 권유로 소신 지원한 것이었다. 다시 말해 합격을 예상하고 기대하면서 만든 학생부는 전혀 아니었다는 이야기다. 항상 나보다 토마의 가능성을 높이 평가하며 목표를 높게 잡아주신 담임선생님께 지면을 통해 다시 한 번 감사의 말씀을 드리고 싶다.

자기 학교에서 성실성과
우수성을 인정받는 것이 기본이다

대학별 단독 고사가 최초로 실시된 1945년 이래로 우리나라 대학 입시의 역사는 이미 장구하다. 서울대만 해도 입학사정관제가 도입된 지 올해로 17년차로 들어섰다. 꽤 의미 있는 데이터가 만들어졌다고 볼 수 있는 시간이다. 학생부가 인위적인 의도로 가득 찬 것인지, 학생의 우수함이 진정성 속에서 빛나고 있는지를 판단하는 데 그리 오랜 시간이 걸리지도 않을 듯하다.

학생부를 꾸미고 치장하다가는 오히려 감점 요인만 키우게 된다. 특목고든 일반고든 학교생활에 충실한 것은 가장 중요하다. 우리 학교의 의미 있는 활동은 무엇인지, 의미 있는 상은 무엇인지에 대해서는 미리 파악하고 참여하도록 한다. 그런 정보는 담임선생님이나 진로 담당 선생님께 물어보면 알 수 있다. 곁들여 아이에 대한 조언도 들을 수 있으니 선생님들과는 좋은 관계를 유지하는 게 여러모로 도움이 된다.

관심을 갖고 학교 활동에 참여하다 보면 좋은 결과를 얻을 수 있고, 하나하나의 작은 결과들이 모여 큰 결실로 완성된다. 그 학교가 도서 산간벽지의 학교이건, 서울 강남의 명문고이건, 특목고나 영재고이건 우선은 자신의 학교에서 선생님들과 친구들에게 성실성과 우수성을 인정받는 것은 기본이다.

적극적인
수업 참여는
기본 중의 기본

담임선생님을 멀리하는 것은
엄마의 직무유기다

토마가 고등학교에 입학하면서 나는 토마의 입시도 수시를 염두에 두었다. 로사가 과학인재전형으로 대학에 진학한 직후였으므로 일반고에 들어간 아들도 내가 아는 방식으로 대입을 준비하려고 했다. 화학 올림피아드에서 성과를 내고 수학 실력을 키워서 로사와 같은 전형 혹은 유사한 논술전형 등을 노려보면 어떨까 생각했다.

그런데 담임선생님과 면담 후 나는 생각을 달리하게 되었다. 누나의 입시 결과를 들은 선생님은 토마가 무엇을 준비하는지 알게 되셨고, 내게 진심 어린 조언을 해주셨다. 앞으로는 학생부의 비중이 커지고, 교과와 비교과의 충실한 활동이 대입에 중요한 요소로 작용할 것이라는 말씀이었다.

새 학년이 되면 분주하게 돌아가는 유령회사가 있다. '카더라 통신'이다. 특히 선생님들에 대한 말은 학부모들 사이에서 분주하게 오고 간다. 담임선생님을 뵙기 전까지 나는 토마의 선생님이 어떤 분인지 잘 알지 못했다. 그런데 상담을 받으면서 담임선생님께서 교육과 입시에 대한 이토록 깊은 혜안을 가진 분이란 걸 알고 놀랐다.

선생님과의 상담 후로도 한동안 올림피아드 준비는 계속되었지만, 선생님의 말씀은 상당히 의미심장하게 다가왔다. 새 학기가 되면 학급 어머니들의 반 모임이 시작된다. 보통 학부모총회 이후에 만나게 되는데, 간혹 반 모임에 오셔서 "저는 담임선생님 얼굴도 몰라요" 하며 다소 자랑스럽게 말하는 어머니들이 있다. 나는 그분들께 궁금하다. 담임선생님 얼굴도 모르는 엄마에 대해 아이들이 어떻게 생각하는지를 물어보았느냐고. 그건 자랑스러운 일도, 그 엄마가 오해하고 있는 정의로운 일도 아니다.

선생님들은 교육 현장에 계신 전문가들이다. 그들은 적게는 수년, 길게는 수십 년 동안의 학생, 입시, 교육의 데이터를 머리와 가슴속에 간직하고 있다. 부끄러워서 혹은 귀찮아서 담임선생님을 멀리하고 있다면 그건 엄마의 직무유기다.

실력을 향상시킬 수 있는
기회는 학교 안에 있다

시험 감독을 해본 어머니들이라면 알 것이다. 시험 시작종이 치기가 무섭게 엎드려 자는 학생들이 있다. 그 학생이 수업 시간에 어떤 태도를 보일지를 상상해보면 마음이 아프다. 좋은 대학에 진학하든 그렇지 못하든 교과서에서 배우는 지식은 우리가 살아가는 데 필요한 기본적인 소양들이다. 최소한 고등교육을 받은 사람과 그렇지 않은 사람이 똑같아서는 안 되지 않은가. 고등학교가 대학을 가기 위한 수단이 아니라 고등교육을 받은 선량한 시민을 양성하는 교육기관으로서의 기능을 잘 수행하기를 바라는 마음이다.

고등학교의 현실을 어느 집단보다 잘 인지하고 있는 대학은 전형을 통해 학생들을 계도하고 있다. 학생부종합전형의 요소에서 잠자고 있는 학생을 흔들어 깨우며 수업에 도전하라고 말하고 있다. 수업 내용이 어려우면 학생은 수업에 흥미도 의욕도 잃게 된다. 학교는 방과후 수업을 통해 이런 학생들에게 학습의 기회를 제공하고 있다. 학교에 따라서는 방과후 수업으로 수준별 수업이 있는데, 혹시 필요하다면 학교에 요청할 수도 있다. 요건만 맞으면 새로운 방과후 수업이 개설되기도 한다.

토마는 학기마다 방과후 수업을 들었고, 필요한 과목이 있을 때는 여름방학에도 들었다. 1학년 때부터 학교에서 주2~3회 야간 자습도 했다. 이러한 학교의 비교과 활동에 관심을 가지며 시작된 토마의 학교 사랑은 3년 내내 계속되어 집에서는 거의 잠만 자는 수준이었고, 대부분의 시간을 학교에서 보냈다. 학교에서 공부하는 게 좋다며 학원이 끝나고 다시 학교 자습실로 가서 공부하고 오기도 했다. 그런 날은 확인 도장을 못 받는데도 말이다.

고3 어느 날에는 자습실을 돌아보시던 교장선생님께서 "너는 쉬질 않는구나"라고 하셨다고 해서 웃음이 났다. 매학기 까다로운 조건을 충족해야 받을 수 있는 자기주도학습 상을 토마처럼 5학기 연속으로 받은 학생도 드물었다. 토마는 선생님과 친구들 눈에도 지독하게 성실한 학생이었다.

혹시 내신에서 유독 점수가 안 나와 고민인 과목이 있다면 방과후 수업을 이용하는 것을 추천한다. 공부에 도움되는 것은 물론이고 방과후 수업은 학생부에 선생님의 멘트와 함께 기록되는데 부족한 내신을 보완하려는 학생의 노력으로 인정받을 수 있다.

학교생활기록부는 크게 학생의 인적, 학적 사항이나 출결 상황, 수상 경력 및 교내외 활동 상황 등의 사실과 활동에 대한 선생님들의 정성적인 평가가 기록된다. 담임선생님이 작성해야 할 부분이 많지만 '세부능력 및 특기사항'은 각 교과 선생님이나 방과후 담당 선생님이 학생에 대한 정성적인 평가와 의견을 기록한다. 과목당 두세 줄의 짧은 멘트지만 대단히 중요한 기록이다.

그런 3년의 기록이 모아지면 학생을 보지 않고도 그 학생에 대한 평가가 가능해진다. 여러 선생님들의 의견일뿐더러 3년이라는 짧지 않은 시간이 누적되어 있기 때문이다. 방과후 교육 활동은 교과목 이외에 추가되는 사항이고, 들은 만큼 일일이 기록된다. 외부 상, 외부활동 기재 금지 원칙에 따라 아무리 세계대회에 나가 금메달을 따도 학생부에는 기재하지 못하는 엄연한 현실을 생각해보면 얼마나 귀하게 여기고 소중하게 다루어야 하는지를 알 수 있다.

지식이나 학문의
지나친 편식을 경계한다

대학은 고등학교 과정에서 지식이나 학문을 지나치게 편식하는 것을 경계하고 있다. 지적 균형을 이루는 데 도움이 되지 않기 때문이다. 웬만한 고등학교에서 공통적으로 제공하고 있는 활동이 영어, 국어 관련 활동이다. 토마의 고등학교에서도 매년 영어 말하기, 쓰기 대회나 독후감 쓰기 대회, 테마 독서 기행 등의 행사가 있었다.

토마는 교내 대회는 1학년 때부터 '무조건 참가'를 원칙으로 했다. 다만 원칙에는 예외를 두어서 전혀 특기도 지식도 없는 분야에 묻지마 식으로 참가하는 것은 지양했다. 수학, 과학 과목 이외에도 의미를 두고 참여했던 것은 영어 관련 대회와 독서 관련 활동이었다. 앞으로 어떤 진로를 선택하더라도 피해 갈 수 없는 언어 관련 분야이기 때문이었다.

이런 활동들은 설사 수상을 못 해도 관심을 갖고 참가한 사실만으로도 학생부를 의미 있게 만드는 기록이 된다. 학생부종합전형은 수치로 계산된 성적만을 반영하지 않고, 지원자가 제출한 서류를 바탕으로 학업 능력뿐 아니라 학업에 대한 노력, 의지, 열정, 적극성, 도전정신, 발전 가능성 등을 종합적으로 평가하는 방식이기 때문이다.

교내 다양한 행사에
적극 참여해
교내 상 수상 기회를
활용한다

과학의 달 행사에
적극 참가하기

매년 4월이면 학교마다 과학의 달 행사가 열린다. 토마는 1학년 때부터 매년 이 행사에 적극 참가했다. 지망하는 학과와 관련이 있고, 토마가 자신 있어 하는 과목이 다량 포진해 있었기 때문이다.

교내 경시는 전 학년을 대상으로 실시되었고, 수학, 수리과학 논술, 물리와 생명과학 중 택1, 화학과 지학 중 택1 해서 참가할 수 있었다. 수학 경시와 수리과학 논술은 매년 상을 탔고, 물리는 2학년 때, 화학과 생명과학은 3학년 때 수상을 했다. 토마의 수상 이력을 살펴보면 거의 모든 과목에 수상 경력이 있고, 특히 수리과학 논술은 1학년 때 동상, 2학년 때 은상, 3학년 때 금상을 수상하는 진기록을 세웠다. 같은 학년에서는 늘 1인자였다는 추정도 해볼 수 있지만, 점진적으로 실력이 향상된 것을 의미하기도 한다.

2학년 때는 주로 1, 2학년이 참가하는 과학미션대회에 나가서 금상을 타기도 했다. 3명이 한 팀을 이루어 달걀을 약 15미터 높이에서 떨어뜨려 가장 천천히, 깨지지 않은 채 떨어지는 팀이 우승하는 대회였다. 매년 이 대회는 학생들에게 인기가 많았고, 관심이 집중됐다. 떨어지는 달걀에 열광하는 아이들의 모습은 상상만 해도 귀여웠다. 자신들이 꾸미고 가꾸어 완전 무장시킨 달걀을 고이 내려 보내면서 마치 그 달걀이 운동선수라도 되는 양 소리쳐 응원을 한다. 가장 천천히 떨어졌지만 가보니 깨져 있을 때의 안타까운 탄식, 탈락한 줄 알았는데 달걀이 멀쩡해서 극적으로 순위에 들었을 때의 환호는 여느 인기 스포츠 경기를 방불케 했다.

물리와 수학적인 지식이 필요한 이 대회에서 토마의 팀은 완충포장지로 감싼 달걀에 빨대 비닐로 만든 낙하산을 입힌 후 떨어뜨려 우승했다. 토마는 같이 팀을 이뤄 참가한 친구들과 함께 수상의 기쁨을 누렸다.

학생부종합전형의 영향으로 교내 상을 두고 경쟁이 치열하다.

이런 이상기후를 감지한 교육부가 지난해 "교내 상 남발을 막기 위해 학생부에 일부 수상 경력을 제한하는 방안을 시행할 계획"이라고 밝혔다. 교육부 관계자는 "2014년 9월부터 시행된 선행학습금지법에 따른 후속 조치"라며 "교내 대회라도 교육과정을 넘어서는 문제가 출제되는 수학, 영어 경시대회 등의 수상 실적은 학생부에 기재할 수 없게 한다는 취지"라고 설명했다. 교외 상 수상실적 기재 금지에 이어 교내 상까지 학생부에 기재를 못 하는 건가 하는 문제는 일단 교과명이 들어간 교내 경시대회를 허용하는 것으로 결론이 났다. 다만 선행학습규제법 취지에 따라 학생이 배운 교육과정의 범위와 수준을 벗어난 출제는 불가능하다.

교육부는 교내 상 남발을 막기 위해 학생부에 교내 대회라도 교육과정을 넘어서는 문제가 출제되는 수학, 영어 경시대회 등의 수상 실적은 학생부에 기재할 수 없도록 했다. 또 교육부는 일선 중·고교 학교 연간교육계획에 교내 상 운영 등을 미리 안내하고, 이때 기획한 대회에 한해서만 학생들에게 상을 주도록 권장하고 있다.

영재학급은 명실상부한
수월성 공교육이다

수월성을 추구하는 내 교육의 목표가 토마가 일반고를 들어가면서 좌절되는 것 같았다. 그런데 토마가 입학한 해에 토마 학교에 영재학급이 개설되었다. 공립학교라 서울시교육청의 지정을 받는 영재학급 운영이 가능했던 것이다. 명실상부한 수월성 공교육이었다.

나는 너무 꿈만 같아서 수시로 학교 홈페이지에 들어가서 지원 일정을 살폈다. 서류, 필기, 면접을 통해 1, 2학년 각 20명을 선발했다. 토마는 무난히 합격했고, 2학년 때도 다시 선발되어 2년을 다녔다. 1년만 하고 정시를 준비하겠다고 빠지는 친구들도 있어서 좀 안타까웠다. 아이는 영재학급에서 많은 것을 얻었다.

매년 입교식에 오셔서 강의를 해주시는 기초 의학 교수님이 계셨다. 교수님의 강의는 아이들의 탐구심과 성취욕을 자극하는 명강의였다. 학교에서 학부모들도 초청해주어 나는 그 교수님의 강의를 2번 들을 수 있었다. 강의도 흥미 있었지만, 압권은 학생들의 질문을 경청하고 질문 내용을 무조건 칭찬하며 답변해주시는 모습이었다. 그렇게 깊은 지식을 갖춘 분이 열린 마음으로 소통하는 모습을 보면서 아이들이 느끼고 배우는 것이 많겠다 싶었다. 수월성 교육에 대한 나의 욕심이 과하지 않다는 것을 다시

한 번 확인하는 순간이었다.

영재학급에서는 일주일에 한 번씩 수학, 과학 융합형 심층 수업을 했다. 공립고등학교인 토마의 학교는 선생님들의 학벌이 높고 실력도 좋았다. 주변에 워낙 인기 있는 학교가 많아서 진정한 가치가 과소평가된 듯했는데, 아니나 다를까 매년 입시 실적이 좋다. 그 학교의 숨은 힘은 수시 합격생의 면모에서 나타난다.

영재학급에서는 학생이 수업을 하는 프로그램이 있었다. 수학이나 과학의 한 테마를 정해 수업 내용을 준비해 가서 학생들이 선생님이 되어 직접 수업을 하는 것이었다. 공부는 가르칠 수 있을 정도로 해야 한다고 하지 않던가. 자신이 직접 가르쳐보면 어떻게 공부해야 하는지를 확실히 알게 된다. 토마의 조는 수학 선생님께 원서를 빌려 '생성함수'에 대해 연구하고 수업을 준비했다. 토마는 조장이 되어 주도적으로 수업을 이끌었다.

2학년 영재학급을 마칠 즈음에는 창의력 산출물 대회에 참가했다. 토마는 친구와 함께 '잠수병에 대한 고찰'이라는 주제로 창의적 산출물을 만들었다. 어렸을 때 해양 스포츠를 즐기며 바라본 바다의 모습을 꽤 인상적으로 기억하고 있는 토마는 물에 대해 관심이 많았다. 친구와 함께 주제를 정하고 잠수병이 발생할 수 있는 물의 깊이를 수학과 과학의 지식을 융합해 계산해낸 다음, 잠수병이 인체에 미치는 영향 등을 고찰해서 보고서를 작성했다. 보고서를 바탕으로 프레젠테이션 자료를 만들어 선생님과 학생들 앞에서 발표를 하기도 했다. 영재학급 활동을 통해 아이는 실력도 경력도 쑥쑥 키울 수 있었다. 일반고에서도 수월성 교육을 받을 수 있어서 토마는 퍽 행운이었다.

넓고 깊게 공부한 학생은
입시에서 힘을 발휘한다

교과서나 수업 내용을 바탕으로 더 넓고 깊게 공부한 학생이 입시에서 높이 평가되는 것은 당연하다. 완벽한 내신을 받고도 1차 서류 심사조차 합격하지 못하는 학생들이 있다. 안타깝게도 그 학생의 공부는 내신이 전부인 경우다.

전국의 최상위권 학생들이 같은 경쟁선상에 놓였을 때 취약해질 수밖에 없는 상황이다. 수치로만 평가하기엔 동점자만도 모집 정원을 상회하는 경우가 많기 때문이다. 따라서 공부는 '깊게' 하는 것이 좋다. 최상위권이라면 교과서 수준에 만족하지 말고 보다 심층적으로 파고드는 자세가 필요하다. 넓고 깊게 공부하다 보면 내신으로는 다 표현할 수 없는 수준의 실력이 다양한 활동으로 나타나게 된다.

학생의 호기심을 자극해 실력과 역량을 한층 도약시킬 수 있는 기회가 영재학급과 같이 학교에서 제공된다면 금상첨화다. 간혹 인맥을 동원해 유명 교수님을 멘토로 연구를 진행하는 학생도 있는데, 정의와 공정이라는 입시의 기본적인 룰을 생각하면 그리 바람직하지는 않다.

선생님들에게 실력을 인정받은 토마는 고2 때 2명의 학교 대표 중 한 명으로 선발되어 서울시 고등학교 과학탐구 대회에 나갔다. 2인 1조로 참가한 아이들은 본선에 진출해 은상을 탔는데, 자사고 포함 서울시의 고등학교 18개 팀이 출전해 예선 필기와 본선 실험을 통해 실력을 겨룬 후에 받은 대상, 금상에 이은 높은 상이었다. 시 경시가 있었던 때에 비해 10분의 1로 수상자 규모가 줄어든 상당히 높은 권위의 상이었지만, 학생부에 기록되지는 못했다. 학생부 기록에는 외부 상 기록 금지 원칙이 있었기 때문이다. 하지만 대입 원서 제출용 서류(자기소개서, 추천서, 학생부)에는 어떤 식으로든 아이의 경력이 녹아들기 마련이니 학생부에 기재가 안 된다고 해서 기회가 있는데도 피할 일은 아니다. 아이가 갖게 되는 특별한 경험과 자신감을 생각해보면 더욱 그렇다.

토마는 이 대회에서 인상적인 경험을 하게 되었다. 1차 필기를 통과하고 바로 2차 실험 평가가 이어졌는데, 실험을 하는 도중에 수산화나트륨에 화상을 입은 것이다. 두렵고 당황하기도 했을 텐데, 긴장해서인지 아픈 줄도 모르고 침착하게 실험을 마무리했다. 그러고 나서 끝나자마자 편의점으로 가서 콜라로 응급처치를 했다고 했다. 이미 시간이 지났기 때문에 응급처치의 효과도 기대할 수 없었지만, 염기성인 수산화나트륨을 산성인 콜라로 닦아내는 것으로 미흡하나마 처치를 해야겠다고 생각한 아이들의 마음이 순수하고 예뻤다. 며칠간 얼굴에 붉은 얼룩이 졌는데, 다행히 흉터는 남지 않았다.

긴장된 탓에 하지 말아야 할 실수를 한 것이었지만, 실수를 통해서 배우는 것도 많이 있었다. 매사 행동과 생각에 주의를 기울이게 되고, 안전사고 방지 매뉴얼에 각별히 관심을 갖게 되었다. 이렇게 아이를 변화시키는 체험은 사서라도 하는 것이 좋다. 그만큼 가치가 있다는 말이다. 이런 남다른 체험은 자기소개서의 좋은 소재가 된다.

유명 교수님을 멘토로 연구를 진행하는 학생들 가운데는 가끔 고등학생이 하기엔 과하다 싶은 주제를 선택하기도 하고, 어디선가 수상 경력을 만들어오기도 한다. 이런 경우 활동의 진정성과 권위에서 높은 점수를 받기는 어려워 보인다. 입시는 상식의 선을 넘어서는 것이 아니다. 자신에게 주어진 기회를 적극적으로 활용하고, 그로부터 얼마나 성장을 이루었는지를 보여줄 수 있다면 그것으로 족하다.

도움을 받으려면 대학 교수님보다는 학교 선생님과 의논해보는 것이 좋다. 대학은 끊임없이 고등학교와 대화하겠다고 밝히고 있다. 사실 엄밀히 보면 1차 서류의 많은 부분을 대학은 고등학교에 일임한 것이다. 학교 내신도, 교내 상도 고등학교의 권위로 이루어지는 것이기 때문이다. 학생부는 선생님의 학생에 대한 정성적인 평가로 만들어진다. 자신을 존경하며 자신의 지식을 끊임없이 파헤치며 얻어가려 노력하는 학생에 대한 선생님의 평가가 어떠할지는 누구라도 짐작할 수 있는 일이다.

강조하건대 학생부는
양으로 승부하지 마라

넓고 깊게 공부하고자 하는 학생에게 독서는 기본 중에 기본이다. 굳이 전공 관련 서적이 아니어도 좋다. 독서를 통해 생각을 키우고 의미 있게 성장시키는 분야가 따로 정해져 있는 것이 아니기 때문이다. 독서 활동은 학생의 지적 호기심과 자기주도성을 평가할 수 있는 데 매우 적합한 항목이다.

토마는 학교에서 실시하는 테마 독서 기행에 매년 참가했다. 글쓰기 능력을 키우고 테마로 정한 지식을 탐구하는 활동이었다. 학교가 자랑하는 대표적인 독서 관련 활동이어서 이 행사는 학교의 지원도 많이 받았다. 참가 신청자들이 많아 버스를 빌려 이동했고, 교장선생님도 참여하시는 꽤 큰 규모의 행사였다. 수학여행 버스 사고 이후에는 단체 이동이 금지되어 소그룹으로 테마를 정해서 가기도 했다.

　매번 이야기하지만 학생부종합전형을 준비하는 학생이라면 남몰래 실력을 키우기보다는 학교 활동을 통한 발전의 기회를 갖는 것이 좋다. 학생부에 기록이 되기 때문이다. 다만 많은 책을 읽었다는 것을 보여주기 위해 학생부에 독서 기록을 과하게 했다가는 낭패를 볼 수 있다. 2차 서류 기반 면접에서 면접관에게 학생부에 기록된 책 내용에 대한 질문을 받을 수 있기 때문이다. 나에게 영향을 준 책, 의미 있는 책, 나를 변화시킨 책 등 인상 깊었던 독서의 기록으로 충분하다. 토마는 학교에서 권장하는 권수 정도를 읽고 기록했다. 그 이상 읽을 시간도 사실 부족했다.

　학생부는 양으로 승부하기에는 그 뒷감당이 상당한 부담으로 다가오게 되니 주의해야 한다. 봉사 활동 역시 같은 맥락이다.

학생부종합전형에서 좋은 평가를 받으려면 ❸

바른 인성을
갖추기 위해
노력한다

친구들과의 우정을 키워준
스포츠클럽 활동

대학은 학생이 학업 활동 이외의 다양한 경험에서 개인적 소양을 다져가기를 바란다. 고등학교 시절은 다양한 경험을 통해 폭넓고 사려 깊은 성인으로 성장하기 위한 노력이 필요한 시기라고 생각하기 때문이다.

비교과 활동의 하나로 토마는 스포츠클럽 활동을 했다. 학생들이 일정 수 모여 스포츠 종목을 정하고 선생님 한 분에게 요청해 수락하면, 그분을 지도 선생님으로 모셔서 일주일에 2회 스포츠를 즐기는 것이었다. 활동 내용이 학생부에 선생님의 멘트와 함께 기록되는 공식적인 학교의 비교과 활동이었다.

아침 수업 전이나 점심시간을 이용했는데, 토마는 생물부 친구들과 주2회 아침 7시에 모여서 배드민턴을 쳤다. 스포츠클럽은 반드시 지도 선생님 입회하에 이루어졌는데, 지도 선생님은 한 번도 못 오시는 경우가 없었다. 공교육에는 특유의 권위와 질서가 있어서 교과든 비교과든 개인이라면 혼자서 다 할 수 없을 시너지를 낸다. 비용을 들여 사설 기관에서 레슨을 받아도 이만큼 꾸준하고 성실하게 할 수는 없었을 것이다.

공부가 고되고 학교에 행사가 있을 때는 너무 지칠 것 같아서 오늘은 좀 쉬자고 해도 토마는 단 한 번도 빠지는 일 없이 스포츠클럽을 3년 내내 계속했다. 3학년 때는 학생부에 기록이 되지 않았지만 이미 배드민턴에 빠져버린 친구들 몇몇이 계속했다. 덕분에 건강에 큰 무리 없이 고3을 보낼 수 있었다.

비교과 활동은 이것저것 할 것 없이 해보면 참 얻는 게 많다. 스포츠클럽 활동도 물론 아이에게는 학교생활의 윤활유이자 건강 지킴이 역할은 물론 친구들과의 우정을 키워주는 나무가 되어주었다. 땀 흘리며 쌓은 우정은 무엇보다 단단해져 학습으로 지친 아이들에게 큰 위안이 되었다. 중간고사나 기말고사가 끝나는 마지막 날이면 몸도 마음도 녹초가 되었을 텐데, 토마는 친구와 지치도록 배드민턴을 치고 돌아왔다. 흠뻑 땀을 흘리며 시험으로 받은 스트레스를 몽땅 날려버렸다.

고등학교 때의 스포츠클럽 활동에 대한 여운과 애정이 여전해서인지 토마는 요즘 배드민턴과 비슷한 테니스 과목을 신청해 재미를 붙이고 있다.

리더십을 갖춘

리더가 되는 것

토마는 고등학교 시절 생물부 동아리에서 활동했다. 전통 있는 인기 동아리여서 학교 다니는 내내 교복에 금배지를 달고 자랑스러워했다. 선후배 관계도 좋아서 매년 신입생 환영회를 성대하게 열면서 서로를 끈끈하게 챙겼다.

입학식 후 며칠이 지나면 선배들은 동아리 홍보로, 신입생은 동아리를 선택하느라 학교가 분주해진다. 생물부를 하고 싶다는 토마에게 나는 별 생각 없이 "너는 화학 올림피아드를 하니까 화학부를 해야지 않겠냐"고 했다. 영재고, 과학고 낙방으로 잔뜩 의기소침해 있던 토마는 얼굴을 찌푸리며 "알았어요" 하고 돌아서는데 느낌이 이상했다. 그래서 하고 싶은 걸 하라고 말을 바꾸었는데, 돌이켜보면 참으로 아찔한 순간이었다.

알고 보니 생물부는 교내 최고 인기 동아리여서 들어가기도 쉽지 않은 곳이었다. 선배들이 직접 제작한 지필고사와 면접을 통해 신입부원을 뽑았는데, 떨어졌다고 우는 아이들도 많았다. 토마는 가장 높은 점수로 생물부에 들어갔다. 그 뒤로 생물부는 토마에게 학교 안의 또 하나의 학교가 되었다. 동아리의 수업과 활동은 1년 단위로 질서 있게 이루어졌고, 교내 최고 동아리라는 자부심으로 학교생활에 큰 활력이 되어주었다. 동아리 부원들이 함께 스포츠클럽 활동도 하고, 봉사 활동도 동아리 단위로 이루어질 때가 많았다.

토마는 생물부 회장이 되어 남다른 책임감과 리더십을 발휘하기도 했다. 이런 의미 있고 중요한 활동을 나의 무지함으로 막을 뻔했다는 걸 생각하니 정말 부끄럽고 아이에게 미안했다.

최근에는 신입생들이 동아리를 만드는 경우도 많다고 하는데, 이왕이면 교내의 전통 있는 동아리를 들어가기 위해 노력해보는 것이 좋다. 전통이라는 것은 하루아침에 만들어지는 것이 아니고, 동아리 선후배들이 같은 전공을 선택하는 경우가 많아서 선배가 했던 활동을 참고하면서 입시 준비를 할 수 있는 장점도 있다. 게다가 대학에 진학하고 사회에 나가서도 계속해서 이어지는 유대관계는 평생의 자산으로 남는다.

동아리 활동은 지도교사가 있지만 많은 부분이 학생들 자치로 이루어진다. 선생님의 개입 없이 부원들의 의견을 수렴해 의사를 결정하는 일은 항상 만만치 않았다. 매년 2학기 개학 후 9월, 중간고사가 시작되기 직전 토마의 학교는 동아리 축제가 열린다. 동아리 활동은 학교생활의 큰 보람이요 즐거움이라 아이들이 명예를 걸고 열심히 축제를 준비한다.

토마는 고2 때 동아리 회장이 되어 주도적으로 축제를 이끌어갔다. 고2 2학기가 되니 학생들 사이에서는 어느 정도 수시에 주력할지, 정시에 주력할지 윤곽이 드러났다. 수시를 준비하는 학생들에게 동아리 활동은 중요한 비교과 활동이 된다. 최우수 동아리 상을 놓고 신경전도 있고, 과열이 되다 보니 학생들이 준비해야 하는 행사를 어떤 동아리는 선생님이 나서서 거들기도 해서 이런 경쟁적인 분위기를 토마가 힘들어하기도했다.

한편 내신 공부에 몰두하면서 동아리 활동은 단체 활동이니 결과만 챙기려는 학생도 있었다. 수시 학생부중심전형을 준비하는 학생들은 자기소개서를 쓰게 되는데, 자기소개서에 학교 활동을 기술할 때는 '내가 무엇을 했는가'보다는 '나는 어떻게 했는가'에 무게를 두어야 한다. 임원을 했다면 임원으로서의 역할을 어떻게 했는지, 임원은 아니었지만 어떤 역할을 했는지에 대해서 충분히 드러낼 수 있다. 단, 뭔가를 해야 한다. 자기가 쓰는 자기소개서 몇 줄에도 이 학생이 결과만 챙겨 무임승차한 학생인지, 과정에도 적극적으로 참여한 학생인지는 드러나기 마련이다.

아예 수시는 포기하고 정시에만 도전하겠다는 학생들에게는 동아리도 내신도 의미 없었다. 저마다의 이유와 핑계로 축제 준비는 토마와 몇몇 학생이 힘들게 이끌어가고 있었다. 선생님은 일체 개입을 안 하다 보니 부원을 통제하는 일은 오로지 동아리 회장인 토마의 몫이었다. 3학년 선배와 1학년 후배, 그리고 2학년 동기들 간의 화합까지도 책임져야 했다.

토마가 선택한 통제 방법은 솔선수범이었다. 누구보다 내신을 끌어올리는 데 전념해야 했던 토마였지만, 동아리를 우선하여 매일매일 가장 늦게 과학실 문을 잠그고 집으로 돌아오는 일이 반복되었다. 축제가 다가오자 토마는 정신적 한계를 넘어 신체적 한계까지 뛰어넘어야 했다. 회장이 모든 것을 뒤로하고 축제 준비에 몰두하는 모습에서 십수 년을 이어져 내려오는 최우수 동아리의 맥을 잇는 일이 저토록 중요한 일인가 하는 반성의 기운이 왜 없었겠는가. 토마는 동아리 부원들에게 말뿐이 아닌 행동과 실천으로 이것을 보여주었다. 축제의 의미에 대해 동아리 부원 전체가 공감하자 준비는 일사불란하게 이루어졌고, 그해 축제에서 생물부는 최우수 동아리 상을 거머쥐었다.

솔선수범이란 뜻을 살펴보면 앞장서서 모범을 보인다는 것인데, 그게 결국 리더의 몫이라는 것을 알 수 있다. 귀족층의 솔선수범과 희생에 힘입어 로마가 고대 국가의 맹주로 자리할 수 있었던 것처럼 말이다.

많은 사람들이 학생부종합전형에서 좋은 평가를 받으려면 임원이나 동아리 회장 등을 해야 한다고 생각한다. 리더십이 있다고 보이기 때문이다. 그러나 다면적, 심층적 평가를 하는 학생부종합전형에서 단지 리더를 했다는 사실만으로 좋은 평가를 받을 수 있는 것은 아니다. 또한 비록 리더라는 명함을 갖지 못했을지라도 '리더십'은 누구나 갖출 수 있는 것이다.

다음은 서울대가 인정하는 '리더십을 갖춘 리더'의 자질이다. 학교에서 임원을 맡고 있든, 그렇지 않든 참고하면 좋을 듯하다.

- 학교생활 내에서 구성원 간의 갈등을 조화롭게 해결할 수 있는 능력
- 수업 중 모둠 과제 수행을 성공적으로 이끌 수 있는 능력
- 토론 활동에서 함께 결론을 이끌어가며 설득력 있게 자기 의견을 주장할 수 있는 능력
- 동아리 활동에서 부원들을 행복하게 만들 수 있는 능력
- 모두가 주저할 때 친구들을 독려하여 청소를 주도하는 능력

관계를 소중히 여기는
휴식 같은 친구

토마의 학교 반 모임에 갔을 때, 내가 토마의 엄마인 사실을 알게 되면 반갑게 인사하는 분들이 계셨다. 아이를 칭찬하며 고맙

다고도 하셨다. 나중에 알고 보면 학교생활을 힘들게 하는 아이들의 어머니들이었다.

토마는 언제나 아이들에게 휴식 같은 친구였다. 공부를 잘하는 친구든, 공부를 못하는 친구든, 잘사는 친구든, 못 사는 친구든 토마 앞에서는 순한 양이 되는 것 같았다. 착하고 똑똑하기가 어려운 건지, 똑똑하고 착하기가 어려운 건지 아무튼 토마는 흔하지 않은 캐릭터인 건 분명했다. 많은 사람들이 토마를 좋아해서 토마에게 사람들과 지내는 일은 쉽고 유리한 일인 줄로만 알았다.

서울대에 제출하는 자기소개서에는 자신에게 가장 큰 영향을 준 책 3권을 선정하고, 그 이유를 쓰는 난이 있다. 그런데 토마가 가장 먼저 쓴 책이 《데일 카네기의 인간관계론》이었다. 엄마인 나도 그냥 그렇게 타고났겠거니 했던 아들의 친화력이 알고 보니 많은 생각과 노력 끝에 다듬어진 것이라는 사실을 알고 놀랐다. 아들이 작성한 그 책의 선정 이유는 대략 다음과 같았다.

"제목에 이끌려 읽고 난 후 제가 한층 성숙해지는 데 도움을 준 책입니다. 책에 제시된 여러 지침은 성경의 황금률 '내가 대접받고 싶은 대로 남을 대접하라'로 요약될 수 있습니다. 그중 하나인 '다른 사람들에게 진정한 관심을 갖고 듣는 사람이 되라'를 이해하기 위해 저는 친구들의 대화를 유심히 관찰했습니다. 대부부분의 친구들은 상대방의 말이 끝나기 바쁘게 자신의 이야기를 하는 경우가 많았고, 저도 물론 예외가 아니었습니다. 이 책을 읽은 후 저는 다른 사람이 이야기할 때 그 말에 진정으로 관심을 가지려 노력했고, 그러다 보니 자연스럽게 저를 신뢰하는 사람들이 많아졌습니다. 이처럼 간단하지만 사람의 신뢰와 호감을 얻는 방법에 대한 조언들은 제게 단순히 사람을 다루는 기술이 아니라 인간관계에서 얻는 행복을 알려주었습니다. (…)"

아들은 사회의 축소판인 학교를 다니면서, 특히 다양한 사회를 만나는 일반고라는 환경에서 엄마도 미처 깨닫지 못하는 사이에 가슴 따뜻한 사람으로 아름답게 성장하고 있었다.

학교생활기록부
작성의
기본 요령

학교생활기록부에는 3년간 학생의 학교생활에 대한 기록이 총망라되어 있다. 학생부종합전형에서 학생을 판단하는 가장 중요한 평가 자료다. 학생부를 작성하는 사람은 각 학년 담임선생님 외에 각 교과 담임선생님, 방과후 활동 담당 선생님, 동아리 담당 선생님 등으로, 학생에 대한 정성적인 평가와 의견이 기재된다. 독서 활동은 본인이 작성한 독후 감상이 기록된다. 각 항목의 특징과 주의점을 살펴보자.

1. 인적 사항

2. 학적 사항

3. 출결 사항

1, 2, 3학년의 수업일수와 출결 사항이 기재된다.

영재학급을 지원할 때 중학교 생활기록부를 제출해야 했다. 나는 토마의 중학교 학생부를 떼보고 화들짝 놀랐다. 출결 사항에 '무단'이라는 단어가 보였기 때문이다. '무단'이라는 말이 그토록 무시무시한 느낌을 줄지 몰랐다. 무슨 전과 기록이 있는 것처럼 보였다.

결석은 물론 지각, 조퇴도 한 번 한 적이 없었는데, 웬일인가 알아보니 중학교 3학년 12월 고등학교 입시가 끝난 후 겨울방학이 시작되기 전 학교가 어수선할 때 아이들이 쉬는 시간에 공차기를 하다가 수업에 늦게 들어온 일이 있었다고 한다. 교실이 텅 비어 있다시피 한 모습에 화가 난 선생님이 늦게 들어온 아이들을 전부 무단조퇴 처리하신 것이었다. 그런 사실도 까마득히 모른 채 중학교를 졸업했다. 영재학급에 들어가는 데 문제가 될까 봐 잔뜩 긴장했는데 통과가 되어 다행이었다.

입시를 준비하면서 신경 쓸 것도 많은데, 학생부에서 최소한 3번까지는 아무 문제없이 패스되는 것이 좋다. 되도록 결석도, 지각도, 조퇴도 없이 말끔한 '개근'을 할 수 있도록 학생도, 어머니도 주의를 기울여야 한다.

4. 수상 경력

교내 상만 기재된다. 수상명, 등급(순위), 수상연월일, 수여기관, 참가대상(참가인원)이 세세하게 기록되어 교내 상의 남발을 방지하고, 상의 가치를 분별할 수 있도록 하고 있다. 수상 경력은 대학이 학생의 학업 역량, 전공적합성 등을 판단하는 중요한 기준이 된다.

대부분의 학교는 학년 초에 교육계획서를 통해 교내 대회 개최 시기 등을 공지한다. 홈페이지를 통해서도 알아볼 수 있다.

5. 자격증 및 인증 취득 상황

국가기술자격, 국가자격, 국가공인 민간자격에 한하여 기입할 수 있다.

토마는 취득 상황이 없어서 빈칸으로 남아 있었다.

6. 진로희망 사항

각 학년별 특기 또는 흥미가 기재되고, 학생과 학부모의 진로희망이 기재된다.

토마도 우리도 의대를 원했기 때문에 학생과 학부모의 진로희망 란에는 3년 내내 '의사'로 기재되어 있었다. 혹시 중간에 진로가 바뀐 경우 자기소개서 등을 통해 충분히 설득력 있게 그 이유를 설명하는 것이 좋다. 중간에 변화가 있었던 희망 진로에 대해 노력의 진정성이나 지원자의 의지를 의심받을 수 있기 때문이다.

7. 창의적 체험 활동 상황

학년별로 자율 활동, 동아리 활동, 봉사 활동, 진로 활동의 활동 내역이 기재된다.

　학생부의 문장은 명사형(~함, ~ㅁ)으로 종결하고, 보통은 문단을 나누지 않고 촘촘히 작성한다. 간혹 문단이 나뉘어 있지 않고 줄 바꿈도 없이 빽빽이 작성된 학생부를 입학사정관들이 읽기 불편하지 않을까 걱정하는 학부모들이 있는데 걱정하지 않아도 된다. 형식은 지원하는 학생이 모두 같은 형태이고, 오직 내용만이 중요하다.

1) 자율 활동
학생이 참가한 학교에서 행해진 모든 공식행사가 기재된다. 학급 임원을 했다면 그 사실과 활동 내용이 이 자율 활동 란에 기재된다. 담임선생님이 간결하지만 핵심적인 내용을 빠짐없이 기록해주셔서 별다르게 추가로 요청한 내용은 없었다. 평소에 학생이 성실하고 적극적인 태도를 보이는 것이 무엇보다 학생부를 충만하게 만드는 핵심적인 요건이다.

2) 동아리 활동

학생이 활동했던 동아리의 활동 내용이 상세히 기재된다. 토마의 경우 생물부에서 진행되었던 학습 내용과 최우수 동아리 수상내역, 회장으로서 활동 내용과 담당 선생님의 의견과 토마에 대한 평가가 함께 기재되었다. 그 밖에 스포츠클럽 활동 내용도 담당 선생님의 의견과 함께 기재된다.

3) 봉사 활동

학생이 봉사한 활동 내용이 기재된다. 해당 기관에 활동증명서를 발급받아 학교에 제출하면 그 내용이 학생부에 기재된다.

4) 진로 활동

학교에서 외부 강사를 초빙해 준비하는 강연회 등이 기재된다. 되도록 학교에서 열리는 강연회는 참석하여 강사에게 좋은 말씀도 듣고 학생부도 풍성하게 만들면 좋다. 학교에서 이루어지는 일련의 진로탐색 활동이 모두 기재된다. 희망하는 진로와 연계된 활동 내용도 기록할 수 있다.

수상 경력과 마찬가지로 창의적 체험 활동도 '교외 활동 기재 금지'가 원칙이다.

8. 교과학습 발달 상황

각 학년의 내신성적과 과목별 '세부능력 및 특기사항'이 기재된다.

내신성적은 과목, 단위수, 원점수/과목평균(표준편차), 석차등급 (수강자 수)이 기록된다.

'세부능력 및 특기사항'은 교과 선생님이 학생당 500자가량을 쓸 수 있다. '세부능력 및 특기사항'은 최근 대입에서 대학 입학 사정관이 가장 주목하는 부분이라고 볼 수 있다. 간결하지만 핵심적인 내용이 들어가 있고, 다수 선생님들의 의견을 한눈에 볼 수 있어서 학생을 평가하는 데 공정성과 정확도를 높이는 중요한 자료가 된다. 교과 외에도 방과후 교육 활동도 이 '세부능력 및 특기사항'에 기재된다. 방과후 교육 활동은 '세특사항'을 더욱 풍부하게 만들어 학생에 대한 긍정적인 인상을 심어줄 수 있다.

9. 독서 활동 상황

학년별 독서 활동이 영역별로 기재된다. 보통 학생이 독후감을 써서 담임선생님에게 제출하면 선생님이 요약해 기재한다. 토마의 학교는 1, 2학년까지는 인문, 사회, 과학영역별로 권장도서가 있어서 그중에서 권장하는 양을 읽고 독후감을 써서 제출했다. 3학년이 되자 학교에서는 영역을 구분하지 않았지만 과학, 인문, 사회영역을 골고루 읽었다.

10. 행동 특성 및 종합 의견

담임선생님이 써주시는 학생에 대한 종합 의견이다. 학생이 1년간 활동한 비교과의 활동 내역도 간략하게 기술된다. 수시 원서를 제출하는 시점에서는 1, 2학년의 내용만 기재되어 있다.

3년간 학교 활동의 대장정은 이렇게 마무리된다. 수시 원서를 준비하기 위해 처음으로 출력한 토마의 학생부를 한 페이지 한 페이지 읽어보면서 뭔가 딱 꼬집어 말할 수는 없지만 수상 경력에서, 창의적 체험 활동 상황에서, 세부능력 및 특기사항에서, 행동 특성 및 종합 의견에서 학생부는 토마를 향해 한 목소리를 내고 있다는 사실을 알 수 있었다.

학생부 기록은 학생들의 확인을 거쳐 학년말에 완료된다. 잘못된 점이 있다면 학년이 종료되기 전에 수정을 요청해야 한다. 단, 학생에 대한 정성적인 평가는 선생님들의 권한이므로 학부모가 요구할 수 있는 사항이 아니다. 객관적인 숫자나 기록의 오류가 발견되면 수정하는 정도에 그치는 것이 좋다.

자기소개서
쓰기의
기본 요령

자기소개서는
언제 써야 하는가

3학년 1학기 학기말 고사가 끝남과 동시에 바로 돌입한다. 그전에는 내신성적이 완성되지 않았으므로 제대로 된 자기소개서가 나올 수 없다. 수능 준비에 영향을 줄 수 있으므로 될 수 있는 대로 짧은 시간에 마무리한다. 토마가 입시를 치르기 1년 전 선배들 중에 자기소개서에 몰두하다가 수능을 망친 사례가 많아서 토마 때는 자기소개서로 낭비되는 시간을 줄이는 분위기였다. 전년도 입시의 학습효과는 다음해에 즉각 나타난다.

다만 한 학년이 끝나면 여유 시간을 이용해 자기소개서를 한 번씩 써보는 것은 지난 시간을 돌아보고 앞으로의 계획을 세우는 데도 도움이 되니 유익하다. 또 피드백을 도와주다 보면 아이의 상황을 파악할 수도 있으니 엄마도 아이의 자기소개서에 관심을 갖는 것이 좋다.

토마는 3학년 여름방학 때 학교에서 마련된 방과후 수업 중 '자기소개서 쓰기'를 신청해서 작성하는 시간을 많이 단축할 수 있었다. 방과후 수업 담당 선생님이 일정량을 쓰도록 마감 시간을 지정해주어 최대한 단기간에 자기소개서를 완성할 수 있었다. 일단 초안이 완성되면 추천서를 써주시는 선생님과 되도록 자주 피드백하면서 문장과 내용의 완성도를 높여야 한다.

너무 많은 사람들에게 공개되는 것이 꺼려지기도 하고, 여러 사람의 첨삭을 거치다 보면 초안의 정신이 흐트러질 염려가 있어서 토마의 자기소개서를 열람하신 분은 추천서를 써주신 담임선생님과 방과후 선생님, 온라인 첨삭을 해주신 선생님 정도였다. 아무런 사전 지식 없이 쓰는 것보다는 자기소개서에 언급할 수 없는 내용이나 감점 요인 등은 숙지하는 것이 좋은데, 서울대 아로리(snuarori.snu.ac.kr)에 견본으로 소개된 자기소개서를 참고했다.

사설 학원에서는 자기소개서 특강을 열기도 한다. 학생들이 가서 듣기에는 시간이 여유롭지 않으니 엄마가 들어두는 것이 좋다. 아예 어머니들을 위한 특강을 준비하기도 한다. 나는 한 곳에서 6회 특강을 빠짐없이 들었는데 방향을 잡는 데 도움이 되었고, 여러 종류의 합격과 불합격 사례를 들어볼 수 있어서 유익했다.

자기소개서는 어디까지나 학생이 활동하고 이루어낸 결과에 바탕을 둔 것이므로 가장 중요한 것은 팩트^{fact}다. 어떤 미사여구도 좋은 자기소개서를 만들어낼 수는 없다.

각 대학은 대교협 공통 양식에 한 문항 정도를 자율적으로 추가하는 형식으로 자기소개서 양식을 지정한다.

자기소개서는
무엇을 써야 하는가

자기소개서를 쓰기 위해서는 아이가 지난 3년간 활동한 모든 교과와 비교과의 내용들을 펼쳐놓고, 어떤 내용을 몇 번에 배치할 것인가를 우선 결정해야 한다. 문항이 4개밖에 되지 않으므로 4개의 문항에 해당하는 내용이 되도록 겹치지 않도록 배분한다. 서울대의 경우 4번 '도서 선정 이유'를 통해 활동을 드러낼 수도 있다. 자기소개서는 자기소개서를 쓰기 위해 활동을 해나가는 것이 아니라 활동한 내용을 모두 모아 자기소개서를 써 내려가는 것이 맞는 순서이고 방향이다.

자기소개서도 학생부종합전형에서 중요한 평가 요소로 작용하는 서류 중 하나다. 즉 학생의 학업 능력과 노력, 의지 및 미래의 발전가능성까지 자기소개서를 통해 평가받을 수 있다. 지난 시간 동안 학생이 기울여온 수고와 노력, 땀과 영광이 자기소개서에 고스란히 드러나게 될 것이다. 자기소개서에는 학생부와 추천서에는 표현되기 어려운 학생만의 생각과 경험을 나타내도록 한다.

토마는 고등학교 3년간의 활동 중 영재학급, 생물부 동아리, 배드민턴 스포츠클럽 활동, 치매노인케어센터 봉사 활동, 학급 회장 경험, 진로에 대한 비전 등을 자기소개서에 표현했다.

자기소개서는
어떻게 써야 하는가

결과보다는 과정에 무게를 두고 기술해야 한다. 예를 들어 독서 활동, 동아리 활동 등을 소개하려면 '무엇을 했는가'보다는 '어떻게 했는가'를 나타내는 것이다. 활동 과정 안에서 내가 무슨 역할을 했는지, 나의 역할을 통해서 내가 혹은 단체가 어떻게 변화했는지를 보여주는 식이다. 학생부종합전형에 제출하는 서류들이 각각의 역할을 분담한다고 생각하고, 학생부와 추천서에서 드러내기 어려운 내용을 자기소개서를 통해서 충분히 드러낼 수 있도록 한다.

자기소개서는 학생이 자신의 우수성과 노력하는 모습을 대학에 보여줄 수 있는 절호의 기회다. 각 항목에 무엇을 쓸 것인지를 결정했으면 해당 활동에 관한 자료를 최대한 확보해 결과가 있기까지 내가 기울인 노력, 그 과정에서 발생한 에피소드, 나의 느낌, 내가 변화된 모습 등 나만의 특성을 나의 목소리로 최대한 생생하게 보여주어야 한다. 학생에 대한 평가는 학생부를 통해서 이미 많은 부분이 가능하므로, 자기소개서는 주어진 항목에 대해서 학생부를 보충한다는 생각으로 작성하면 족하다.

되도록 짧은 시간에 작성을 마무리하고 내신과 수능에 집중하는 편이 현명한 입시 준비 방법이다. 시간이 많이 걸리는 자료 수집은 언제든 손쉽게 찾을 수 있도록 엄마가 평소에 관심을 갖고 정리해놓는 것이 필요하다.

1. 고등학교 재학 기간 중 학업에 기울인 노력과 학습 경험에 대해 배우고 느낀 점을 중심으로 기술해주시기 바랍니다 (1,000자 이내).

2. 고등학교 재학 기간 중 본인이 의미를 두고 노력했던 교내 활동을 배우고 느낀 점을 중심으로 3개 이내로 기술해주시기 바랍니다. 단, 교외 활동 중 학교장의 허락을 받고 참여한 활동은 포함됩니다(1,500자 이내).

3. 학교생활 중 배려, 나눔, 협력, 갈등 관리 등을 실천한 사례를 들고, 그 과정을 통해 배우고 느낀 점을 기술해주시기 바랍니다(1,000자 이내)

공부는 아이가 하지만
기적은 엄마가 만든다

내가 책을 쓴다는 사실에 대한 기대와 설렘, 우려와 갈등이 복잡하게 머릿속을 오고 갔다. 그동안 수없이 읽었던 교육서의 저자들이 책을 쓰기 전에 꼭 나와 같은 마음이었을 것 같았다. 출판사와 계약을 하고 최초로 쓴 초고는 할 말은 다 한 것 같은데, 최종 완성본의 약 20%에 지나지 않았다. 책 한 권을 완성할 자신이 없었다. 출판사 대표님의 독려로 지나온 시간들을 회상해보고, 아이들의 보물상자를 열어보면서 내 경험의 언어는 분수처럼 솟구쳐 올랐다.

그렇게 몇 개월간 원고와 씨름한 후 최종 원고를 출판사에 넘기고 나는 마재성지 최민호 마르코 신부님과 함께하는 성모 발

현지 성지순례를 다녀왔다. 성모님이 발현하셨다는 몇 곳의 성지에서 나는 기적이라 불리는 위대한 현상을 목격했다. 신앙인들에게는 신앙의 신비이고, 믿지 않는 이들에게도 경외감을 불러일으키는 일련의 초자연적인 현상은 과학과 상식으로는 설명할 수 없는 엄청난 위력이었다.

돌이켜보면 나는 아이들을 공부시킬 때 나도 모르는 사이에 참으로 강해져 있었다. 그것이 신앙의 힘이었는지, 정신의 힘이었는지 혹은 사랑의 힘이었는지는 모르겠다. 그런데 엄마가 힘을 키우면 아이들은 그 힘에 따라준다. 오랜 기간 입시의 일선에서 일해온 분들의 말씀이 '어떻게든 아이를 합격시키는 엄마'가 있다고 한다. 정말 어려워 보이고, 심지어는 불가능해 보였던 합격이라는 결과를 아이들이 거머쥔 것은 우리 집에서 일어난 작은 기적이었다.

이제 겨우 인생의 한고비를 넘긴 아이들의 이야기를 떠벌리고 자랑하는 것에 대한 부끄러움과 회의가 컸다. 그러나 그보다는 나의 마음과 정신을 다하여 간절히 바라고 원하며 분투했던 아이들의 교육과 입시에 대한 다사다난했던 경험을 글로 옮겨보고 싶은 마음이 더욱 컸다.

엄마라면 누구나 할 수 있고, 해야 할 일이었을 뿐인 나의 경험담을 책으로 엮어주신 생각지도 출판사의 김은영 대표님과 논현도서관 '휴먼라이브러리' 프로젝트에 사람책으로 나를 초청해주신 신용련 관장님께 감사의 인사를 드린다. 휴먼라이브러리를 통해 만난 어머니들은 정해진 시간을 아쉬워할 만큼 교육에 대한 열정과 호기심이 가득했다. 내가 책을 쓰게 된 동기가 되어주신 분들이다.

　나의 대단치 않은 글을 끝까지 정독해주신 독자들은 누구랄 것도 없이 한 분 한 분께 감사드린다. 사전 리뷰를 통해 접한 몇몇 분의 의견을 들어보니 좀 더 세세한 부분에 대한 궁금증이 많으신 듯했다. 책을 쓰면서 이 책을 읽는 사람들에게 미칠 영향과 파장에 대해서 늘 염두에 두고 있었다. 내가 경험하고 느끼고 깨달은 모든 것을 쏟아내기 위해 수정과 보완을 거듭했지만, 불가피하게 자세히 언급하지 못한 부분에 대해서는 깊은 양해를 부탁드린다. 행간을 통해 이해할 수 있는 경우도 있고, 기회가 된다면 독자들을 직접 만나 성의껏 답변해드릴 수도 있을 듯하다.

　여러 젊은 엄마들의 생각과 고민을 마주하면서 이제 나도 어느덧 기성세대가 된 듯 인생의 후배에 대한 사랑과 뿌듯한 응원의 감회가 피어오른다. 부디 이 책을 읽는 독자의 자녀분들과 혹은 독자들이 마침내 입시를 마쳤을 때에 이 세상 가장 원하고 바라는 곳에 우뚝 서게 되기를 기원하며 이만 펜을 내려놓겠다.